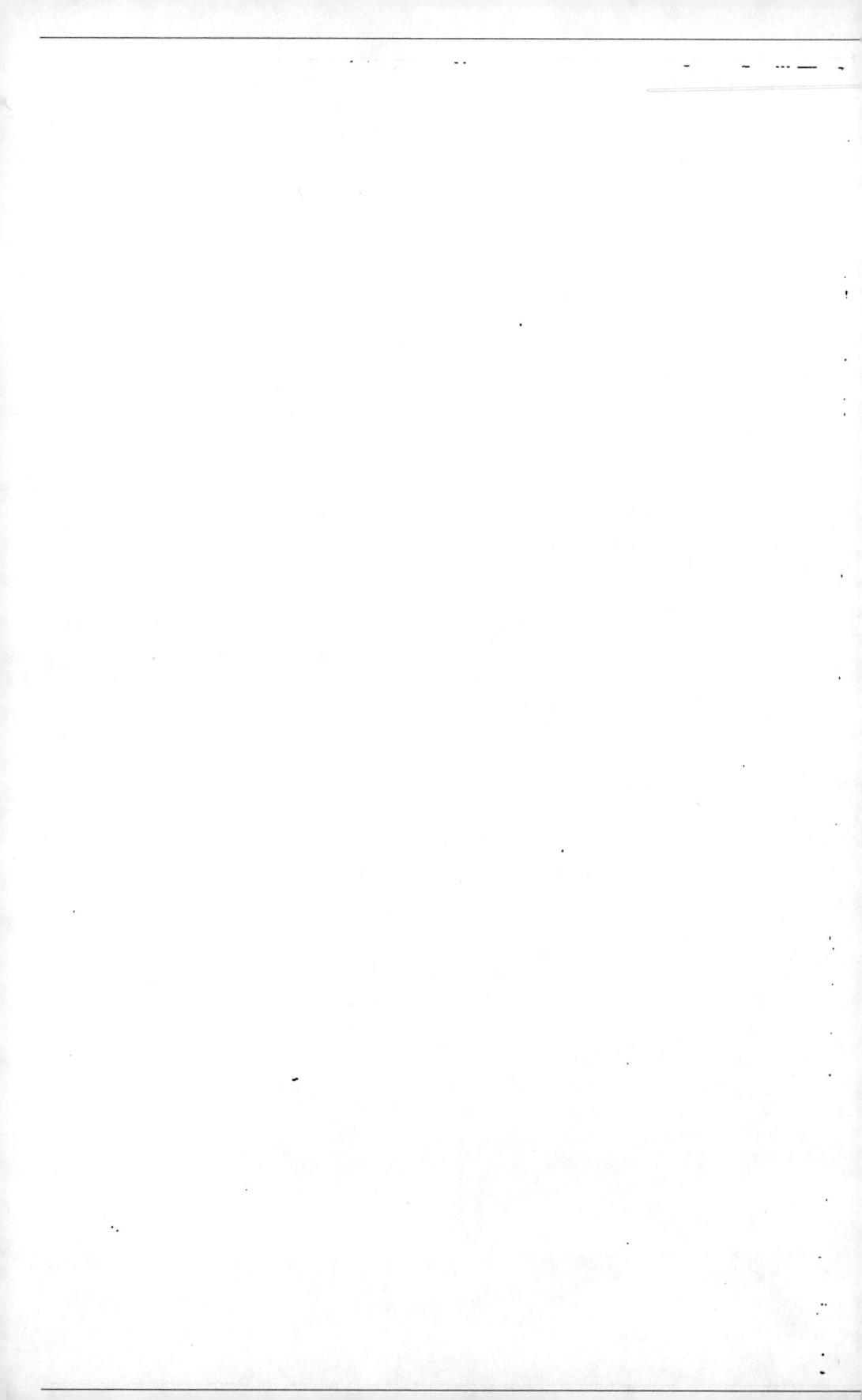

M. TH. FOISSET

DIJON, IMPRIMERIE DARANTIERE

RUE CHABOT-CHARNY

HENRI BÉAUNE

M. TH. FOISSET

NOTICE BIOGRAPHIQUE

Rem christianam egregie defendit.

—————————

DIJON

LAMARCHE, LIBRAIRE-ÉDITEUR

PLACE SAINT-ÉTIENNE

1874

M. FOISSET

« Le caractère de ce temps, disait récemment quelqu'un, c'est qu'il n'y a plus de caractères. »

Je crois ce mot injuste, je le crois trop général pour être vrai ; sans vanter outre mesure notre siècle, sans céder à cette illusion qui se perpétue depuis que l'homme existe et qui pousse chaque génération à surpasser ses devancières dans les éloges qu'elle se prodigue elle-même, je crois, malgré nos funestes et coupables défaillances, que nous ne sommes descendus ni à ce degré d'abaissement ni à cette méprisable pauvreté ; je crois que parmi les jetons usés dont la foule se compose, il est

encore plus d'une médaille à haut relief, plus
d'un visage frappé d'une empreinte originale,
plus d'une âme fortement trempée et virile,
plus d'un homme pour tout dire, dans le sens
du mot latin qui signifie à la fois courage et
vertu, *virtus;* parmi ceux qui méritent ce
nom, je ne veux en citer qu'un seul, dont le
catholicisme, la magistrature et les lettres dé-
plorent la perte récente, c'est M. Théophile
Foisset.

Il a appartenu, pendant plus de cinquante
années, à la même cité, et pourtant, si ouverte,
si peu ténébreuse et peu voilée qu'ait été sa
vie, elle n'est encore aujourd'hui qu'imparfai-
tement connue, même des siens. Que sera-ce
plus tard, lorsque les derniers témoins auront
disparu ? « Parmi toutes les expériences que
j'ai faites de la légèreté humaine, une des plus
pénibles a été de voir avec quelle rapidité les
souvenirs s'effacent et le peu de traces qui restent, au bout de peu de jours, des meilleures
vies et des plus honorées. » Ces paroles de
M. Guizot, que rappelait M. Foisset en com-

mençant l'éloge funèbre d'un fidèle compagnon de ses luttes, Ch. Lenormant (1), je me les approprie à mon tour pour m'excuser, non de parler de celui que nous avons perdu, mais d'en parler et si vite et si mal. Le temps presse, il n'est pas seulement fugitif, il est destructeur ; il fait pis que d'éteindre les souvenirs, il les altère, et l'homme le mieux fait pour le vaincre ne lui échappe presque jamais sans être défiguré. M. Foisset était un trop humble chrétien pour aspirer à cette rare victoire ; il répétait volontiers après saint Paul : « Soyons tout à tous, et ne nous inquiétons point des jugements des hommes. » Hâtons-nous donc de lui rendre, avant que l'ombre s'étende, notre pieux témoignage, en disant comment il a entendu et rempli la fonction de la vie, *vitæ functus est.*

(1) *Correspondant,* t. XIII, année 1860.

I

Joseph-Théophile Foisset est né à Bligny-sous-Beaune (Côte-d'Or), le 5 mars 1800. Il était le second fils d'un bon propriétaire rural, issu lui-même d'une souche demi-bourgeoise, demi-vigneronne, qui avait conquis l'aisance par le travail, et avec elle une certaine notoriété locale dans cet économe et honnête Tiers-État de nos campagnes, d'où sont sortis en partie les cahiers de 1789. Sa grand'mère maternelle était sœur de l'abbé Bailly (1), dont la théologie a été longtemps classique dans le clergé dijonnais. Quant à son père, c'était le type du *gentleman-farmer* bourguignon, gai, actif et

(1) Louis Bailly, bachelier de Sorbonne, professeur de théologie au collège des Godrans, né à Montbis, hameau de Bligny, en 1730, mort le 11 avril 1808.

résolu, plein de verdeur et de séve, au cœur chaud et au jugement froid, à l'œil franc, au langage plus franc encore, que ne déconcertent ni le plaisir ni le péril. Taillé en athlète, passionné pour les exercices corporels qui le faisaient admirer de ses voisins, Jean Foisset exerçait sur eux, grâce à la droiture et à la fermeté de son bon sens, une influence plus sérieuse qui ne lui fut pas inutile dans les mauvais jours ; aux élections pour l'Assemblée législative, ils l'eussent choisi pour député sans son refus formel ; quand on voulut piller les châteaux, il contint les chaumières ; quand on traqua les prêtres, il les cacha dans sa maison ; quand on courut sus aux modérés, il les couvrit de son corps ; menacé, rançonné, déclaré suspect lui-même, il ne lâcha point pied devant la Terreur, et, debout au milieu de tous les fronts abattus, ce rude champion imposa si bien aux démagogues qu'ils s'en prirent à sa bourse, n'osant s'attaquer à sa personne. Le culte catholique n'était pas encore rétabli lorsque lui survint un troisième enfant : il prit

aussitôt le nouveau-né, le roula dans son man-
teau, et, la nuit close, à travers les jardins, alla
demander pour lui le baptême à un vieux
prêtre. C'est ainsi qu'à Rome, au temps des
catacombes, se faisaient les premiers chré-
tiens.

On a beaucoup discuté sur l'influence de la
race, on ne saurait du moins nier celle du milieu et de la famille. Théophile Foisset naissait
dans une modeste demeure, lentement élevée
par le labeur et l'épargne (1), dont les habi-
tants, satisfaits de la médiocrité acquise, n'en-
tendaient pas déchoir, et par là même ne
répugnaient pas, en principe, aux promesses
libérales que la Révolution prodiguait à ses
débuts, mais qui lui avaient soigneusement
fermé leur porte dès qu'ils l'avaient vue s'é-
pandre hors de son lit en un torrent limoneux
et destructeur. Outre la vieille foi monarchique,
avant elle peut-être, la foi chrétienne était
demeurée intacte dans leurs âmes, plus intense

---

(1) *In fundulo*, *sed avito*. C'est l'inscription qu'il
fit placer plus tard sur la maison paternelle.

au dedans à mesure qu'elle était plus offensée
au dehors, et rien dans nos attachements mo-
biles, sans racines ni lendemain, ne saurait
aujourd'hui donner une image de cette fixité
dans les croyances, telle qu'on la rencontrait
alors au foyer d'un grand nombre de familles,
non pas seulement en Bretagne ou en Vendée,
ces terres classiques de la ferveur religieuse,
mais même dans les provinces qui avaient paru
le moins rebelles à l'esprit philosophique ou
à l'intolérance révolutionnaire. Il naissait aux
confins de deux siècles, l'un corrompu par l'in-
fidélité, l'autre qui allait essayer de se repren-
dre aux choses divines. Il n'avait pas quinze
jours que Pie VII montait comme par miracle
sur le trône pontifical vacant de fait depuis
dix-huit mois (1). Un an après, le premier con-
sul signait avec lui le concordat, et les églises
se rouvraient en France. Ces événements, qui
avaient ému toute l'Europe, avaient fait une
impression très profonde au sein de la famille

_____

(1) Pie VI mourut le 29 août 1799, mais il était dé-
trôné et emprisonné depuis l'année précédente.

Foisset, demeurée ardemment catholique. Elle
y vit à la fois une victoire et une réparation.
Le père et la mère y revenaient sans cesse dans
les entretiens familiers du foyer domestique.
Leur fille aînée, qui habitait le village de Lon-
geault, près Dijon, avec son mari, M. Ponsot,
et qui y recevait son jeune frère pendant
l'été, s'était dès les premiers jours donné la
tâche d'éveiller en lui la fibre religieuse. Elle
le faisait avec discrétion, mais avec patience et
fermeté. Quand il rentrait au logis paternel,
l'abbé Bailly le reprenait à son tour et com-
plétait ce précoce enseignement.

On n'a pas de peine à comprendre que son
zèle se soit enflammé de bonne heure et qu'il
ait enveloppé dans la même affection l'Église et
sa famille. Les souffrances de l'une ne le tou-
chaient pas moins que celles de l'autre : il
aimait plus tard à raconter qu'en 1809, se trou-
vant chez son aïeule à Beaune, il entendit un
voisin confier mystérieusement à celle-ci l'ar-
restation du pape à Rome. L'enfant indigné ne
fit qu'un bond jusqu'à la porte pour protester

en public, mais un cri de sa grand'mère l'arrêta sur le seuil : « Malheureux ! tu veux donc nous faire aller en prison ? » L'exil de l'évêque de Gand à Beaune, le passage des *cardinaux noirs*, dont quelques-uns furent internés en Bourgogne, l'agitèrent non moins vivement. Il se précipitait sur leurs pas, il s'attachait à la voiture qui les emportait, et comme quelques années plus tard, en 1813, il se faisait le messager du clergé, colportant les nouvelles ecclésiastiques, dès ce moment, malgré son jeune âge, il allait de maison en maison répandre les paroles qu'il avait recueillies à la dérobée de la bouche des exilés.

Ces détails sont peut-être puérils, mais ils aident à découvrir le chêne dans le gland, l'homme dans l'enfant ; ils trahissent son éducation, ils fixent mieux que toutes les phrases son point de départ et le sillon dont il n'est jamais sorti. Dès qu'il put penser, Théophile Foisset tint en mésestime les gouvernements qui ne parent les autels que pour les asservir, et s'il puisa dans le sang paternel la haine

vigoureuse de la licence, c'est le geôlier de
Pie VII qui lui apprit le mieux à aimer la
liberté.

Il eut pourtant d'autres maîtres qui laissè-
rent une trace moins durable dans son esprit.
Au printemps de 1808, son père lui avait mis
dans les mains une grammaire latine, dont
l'étude fut menée si rapidement, qu'au mois de
décembre de la même année il entrait en cinquième au collége de Beaune, alors tenu par
deux ou trois survivants d'une congrégation
célèbre, qui avait eu la douleur de compter
dans ses rangs, en ce lieu même, un sinistre
transfuge, le conventionnel Joseph Lebon. Mais
si les Oratoriens y étaient encore, malgré leur
vêtement d'emprunt, l'Oratoire et sa discipline
savante, son enseignement libre, varié, fleuri,
n'y étaient plus : ils avaient fait place à un pé-
dagogisme étroit, à une routine mercenaire qui
se traînait à la suite du rudiment et ne dépas-
sait pas la traduction littérale de deux ou trois
auteurs classiques. A Cluny, où M. Foisset fit
sa quatrième et sa cinquième avec Prosper

Lorain, qu'il retrouva plus tard à l'École de droit, et où il fut constamment le premier de sa classe, même aridité pédantesque et mêmes lacunes. Lorsque des embarras de fortune, nés d'un excès de confiance, contraignirent son père à le rappeler à Beaune, où il acheva ses études, après avoir refusé une demi-bourse au lycée de Dijon, ni les professeurs ni leur esprit n'étaient changés. Sans doute ils enseignaient bien le latin, mais ils ne l'eussent pas autrement enseigné au fils d'un citoyen romain. « En 1813, dit quelque part leur élève, je sortis de rhétorique avec une haute admiration pour Aristogiton et pour Brutus. Ce n'était pas, il est vrai, la faute d'Homère ou de Cicéron, c'était celle de nos maîtres, qui ne songeaient qu'à faire des humanistes, sans souci aucun des idées fausses qui pouvaient germer et s'enraciner dans l'esprit de leurs écoliers (1). »

Lacordaire, qui était alors au lycée de Dijon, subit la même influence et en garda plus long-

(1) *Correspondant.* Lettre sur les classiques, à propos du *Ver rongeur* de l'abbé Gaume.

temps l'impression. Est-ce par souvenir de cette méthode surannée et trop païenne, dont l'Université ne cherchait pas encore à se dégager, que dès 1828 M. Foisset conseillait à son frère cadet d'introduire les Pères de l'Église parmi les auteurs expliqués au petit-séminaire de Plombières, dont l'abbé Sylvestre Foisset était le supérieur? Je n'en serais pas étonné; mais ce qui atteste la justesse et la mesure de son esprit, c'est que le besoin de réagir contre un vice d'éducation nettement accusé par l'expérience ne l'a jamais entraîné jusqu'à disputer ou même restreindre, comme le voudraient quelques-uns, la légitime et large place qui appartient à l'antiquité classique dans l'enseignement des lettres modernes.

Notre littérature classique a certainement engendré, par une exaltation inconsciente et par une dépravation insensible d'elle-même, les principaux types de l'école révolutionnaire : le girondin, le jacobin, le babouviste. Ce sont là des *animaux classiques*. Rome républicaine, telle que l'avaient conçue Corneille et

Voltaire, telle que se la figurait ingénûment
Rollin, sur le rapport de Tite-Live et de Tacite,
telle que Jean-Jacques croyait l'avoir devinée
à travers le Plutarque d'Amyot, Rome mal
comprise et mal sue, avait créé ce républica-
nisme de collége qui, de 1760 à 1800, a crû
jusqu'à tomber dans la platitude. Les monar-
ques n'étaient que des tyrans, les prêtres que
des charlatans, le moyen-âge n'était qu'une
époque d'obscurantisme et d'asservissement de
la pensée. La prépondérance outrée des études
oratoires avait porté le goût de la déclamation
à l'absurde. Cela baisse chez nous aujourd'hui,
et cette heureuse réaction est due à l'étude de
l'histoire. Brutus n'est plus le modèle de la
vertu civique qu'aux yeux des ignorants. L'histoire a meublé les intelligences, elle les a équi-
pées de notions morales et plus saines. C'est ce
que M. Foisset avait deviné dès les premiers
jours, et c'est ce qui explique en grande partie son goût déterminé pour les études histo-
riques.

A treize ans et demi, ses humanités étaient

finies. Pour occuper son temps, son père lui fit suivre comme externe le cours de physique fort troublé par l'invasion autrichienne, puis, l'année suivante, celui de mathématiques. Il le destinait au notariat et le plaça même pendant quelques mois dans une étude de Beaune. Mais l'imagination du jeune clerc répugnait aux chiffres, au client plus encore qu'aux affaires ; dès qu'il avait une heure libre, il la donnait à la lecture ; il dévorait en secret la maigre bibliothèque paternelle, s'improvisait secrétaire d'une société d'émulation formée par trois ou quatre séminaristes, et apprenait par cœur, de crainte de le perdre, le *Génie du Christianisme*, le livre, disait-il plus tard, auquel son adolescence enthousiaste a dû le plus, quoique son âge mûr y ait beaucoup moins emprunté. Il essayait même de la poésie, comme tous les jeunes gens, et, à dire vrai, eut le bon sens de ne pas s'y obstiner, bien qu'on en fît alors de plus médiocre (1). Le moment n'était pas en-

(1) J'ai sous les yeux une pièce qu'il fit en rhétorique à 13 ans. Elle est intitulée : *Les Contemplations de*

core venu de renouveler et de réchauffer la
langue des dieux, qui se traînait encore, alan-
guie et vieillotte, dans les pauvretés mytholo-
giques du XVIIIᵉ siècle.

Mais ce qui le captivait surtout, ce dont ses
yeux ne pouvaient se distraire, malgré leurs
seize ans, c'était le spectacle des événements
quotidiens, le mouvement de l'esprit, la politique et la littérature contemporaines. Des
juges prévenus ou peu clairvoyants ont cru voir

la nature dans les premiers jours du printemps.
On y rencontre des vers comme ceux-ci :

> Cœurs sensibles, venez rêver,
> Venez rêver sur la verdure.

C'est évidemment mauvais. Ceux qu'il avait la pieuse
coutume d'adresser chaque année à son père pour sa fête
n'étaient peut-être guère meilleurs, quoique M. Clerc
m'en indique d'autres pleins de grâce et de délicatesse.
Qu'est-ce que cela prouve? Il y a des hommes qui n'ont
pas assez de poésie pour l'exprimer au dehors, et pourtant le sentiment poétique est loin d'être oblitéré en
eux. Il en est comme d'un flacon d'essence qui se brise :
la goutte exhalée se répand sur l'ensemble de leur
esprit et y laisse un léger parfum. Ils restent jeunes
plus longtemps; on les retrouve frais et nullement
moroses dans leur vieillesse, et c'est ce que chacun de
nous a pu remarquer chez M. Foisset.

en lui un demeurant du passé : rien de plus
injuste, rien de moins fondé. Il était dès cette
heure, il n'a jamais cessé d'être l'homme du
monde le plus libre de préjugés, le plus prompt
à s'émouvoir et à s'enflammer pour les idées
neuves et généreuses, pour toutes celles qui
élèvent l'âme et élargissent l'horizon de la patrie ou de l'humanité. Chrétien des anciens
âges, mais fils des temps nouveaux, il revendi-
quait la doctrine du progrès continu comme
une doctrine profondément chrétienne, issue
de l'Évangile, et le proclamait hautement. L'antiquité se croyait sous une loi fatale de décadence. Les disciples du Christ ne croient pas
seulement à la perfectibilité humaine, ils la
regardent comme une obligation morale, selon
la divine parole : *Estote perfecti.*

En 1817, on pouvait y croire plus que jamais. Le retour des Bourbons et la fondation
du régime constitutionnel, succédant à la dé-
bauche de la Révolution et au glorieux mais
inutile épuisement de l'Empire, avaient inau-
guré une ère vraiment nouvelle, une ère de

paix, de progrès et de sage liberté, que peu
d'années auparavant nul n'aurait osé entrevoir.
Qui ne se flattait alors d'avoir vaincu la mauvaise destinée et n'attendait de meilleurs jours
pour la France ? Ce n'était pas vers le passé,
mais vers l'avenir que se tournaient tous les
regards, et ceux-là mêmes qui n'avaient jamais
connu ou avaient dépouillé le royalisme senti-
mental de l'émigration , mais qui reconnais-
saient le bon sens et la raison pour les maîtres
de la vie, ceux-là n'étaient pas les moins eni-
vrés, quoiqu'ils l'aient oublié plus tard, de
cette renaissance pacifique et libérale qui permettait

Les longs espoirs et les vastes pensées.

Si toutes les ardeurs ne s'étaient pas éteintes
avec les premières luttes, s'il restait à l'horizon quelques points sombres, ils s'évanouis-
saient comme une fumée légère dans la sérénité
du ciel. La jeunesse surtout vivait alors et se
sentait heureuse de vivre ; elle devinait que
l'intelligence allait avoir son règne après celui

de la force, et elle se préparait aux écoles ou dans la presse à en profiter. L'humble apprenti notaire de Beaune, qui lisait Bonald entre deux actes, n'eût pas mieux souhaité que de lui sacrifier son étude ; mais le sentiment de la gêne paternelle étouffa son secret désir, et lorsque son frère aîné Séverin lui proposa de le suivre à Paris pour se jeter à l'étourdie dans les lettres, il lui répondit avec la sagesse d'un autre âge : « J'ai mieux à faire, j'ai à commencer la rhétorique de Sylvestre. »

Cependant il ne put tout à fait résister à la tentation. En 1818, l'Académie de Dijon, qui n'avait pas délaissé l'usage des concours, offrit un prix pour l'éloge du prince de Condé. Théophile Foisset se mit secrètement à l'œuvre sans livres, sans documents, sans conseils, sans autre guide que son ambition de bien dire. Les concurrents étaient nombreux et redoutables : des magistrats, des hommes de lettres, Séverin, qui se piquait d'appartenir à ceux-ci, étaient descendus dans l'arène ; ce fut le plus jeune et le plus inconnu qui en sortit victo-

rieux. La collection des mémoires de cette
Compagnie savante a conservé ce travail comme
un rare exemple de précocité littéraire (1);
son style ferme nous étonnera comme il sur-
prit alors; on y rencontre peut-être l'empreinte
du temps, mais on n'y trouve pas celle de
l'inexpérience et de la jeunesse. Cette palme
inespérée rompit le sort et décida de la carrière
du jeune homme. Les membres les plus in-
fluents de l'Académie, MM. Peignot, d'Aumont,
Gueneau de Mussy, le pressèrent de venir à
Dijon compléter ses études; son père, irrésolu
d'abord, finit par céder, et le 3 novembre 1819
le lauréat de l'Académie se faisait inscrire, lui
cent quarante-troisième, au cours de droit de
Proudhon.

Accueilli par tous avec une curiosité que jus-
tifiait sa récente couronne, il n'inspira pas à
tous dès l'abord, je dois le dire, le même aban-
don et la même sympathie. Sa haute taille

(1) *Eloge historique de Louis-Joseph de Bourbon,
prince de Condé*. Dijon, Frantin, 1819; br. in-8° de
61 pages.

flottante, qu'allongeait encore une étroite re-
dingote bleue, la vivacité de son geste, l'ardeur
précipitée de sa parole le distinguaient sans
doute, mais attiraient peu. Il y avait à ce défaut
d'attrait une autre cause moins futile. A l'école
comme dans le monde, les opinions un instant
confondues se divisaient déjà, et les partis se
dessinaient nettement. Catholique et royaliste,
quoique sans servilité, rigide dans ses mœurs,
prêt en toute occasion à affirmer vaillamment
ses croyances, il n'avait rien de commun avec
les jeunes gens que l'opposition ralliait soigneusement autour d'elle et qui étaient de beaucoup
plus nombreux. Je ne sais s'il pensa leur
plaire; il entreprit du moins de les convaincre,
et le premier qu'il attaqua fut celui dont le
cœur allait désormais lui appartenir presque
sans partage, celui dont il devait être plus tard
l'historien choisi, Henri Lacordaire.

« J'étais d'avance libéral par instinct, dit
quelque part l'illustre orateur, et à peine eus-je
entendu à mon oreille le retentissement des
affaires publiques, que je fus de ma génération

par l'amour de la liberté comme j'en étais par l'ignorance de Dieu et de l'Évangile. » Le futur moine de Sorèze se trompait : il était moins de sa génération que de celles de Grèce et de Rome ; il prêchait alors une liberté abstraite, quasi-païenne, ni haineuse ni révolutionnaire, mais exclusivement rationaliste et humaine, et lorsqu'un nouveau venu se hasarda à lui donner la réplique : « Bataille, mon ami, s'écria Lacordaire, étonné de la franche hardiesse de son contradicteur ; vous voulez bataille ! eh bien ! soit, c'est ce que j'aime. »

La lutte s'ouvrit en effet, et dans ces joûtes quotidiennes, qui avaient pour lice le cercle du poêle et pour juges les légistes attendant l'arrivée de leur maître, le merveilleux improvisateur que l'on sait, le souple dialecticien dont l'œil fixe, chargé d'éclairs, la voix frémissante, allaient bientôt remuer l'auditoire de Notre-Dame comme le vent d'orage couche un champ d'épis, celui-là fut plus d'une fois obligé de s'avouer vaincu. Il confessait alors naïvement qu'il n'avait rien à répondre, sollicitant toutefois un délai pour réfléchir à nouveau. Il est juste d'ajouter que ses préjugés de pur et simple déiste, tel que l'avait fait le collége, n'enlevaient rien à son admirable tolérance. « Vous êtes, disait-il à l'un de ses contradicteurs, de qui je tiens le propos, vous êtes le plus grand chrétien de l'école; ne croyez pas que je vous en veuille, au contraire, je vous en estime davantage. »

Ainsi germa pour ainsi dire d'elle-même la *Société d'études* d'où sortit, sans compter Lacordaire, toute une génération d'hommes distingués, jurisconsultes, magistrats et lettrés, dont la province ne saurait sans ingratitude effacer la trace ou perdre le souvenir (1). Le

(1) Les dates ont ici quelque valeur, ne serait-ce que pour préciser le mouvement des esprits. La *Société d'études* de Dijon fut fondée le 21 mai 1821. Elle précéda donc de plusieurs mois la *Société des bonnes études* fondée à Paris après l'avénement du ministère Villèle, et avec laquelle elle n'eut aucune affiliation. Parmi ses membres, empruntés à toutes les opinions, on peut citer MM. Clerc, président de chambre à la Cour de Besançon, auteur d'une *Histoire de Franche-Comté;* Varin d'Ainvelle, conseiller à la même Cour,

hasard les avait mis en présence, Dieu les rap-
procha. « Il y a juste cinquante ans, écrivait
M. Foisset, le 6 janvier 1870, à son ami le président Clerc, que, sortant de la messe de Saint-
Michel avec vous, mon bon ange m'inspira
l'idée de vous aborder, et c'est ainsi que notre
amitié a commencé; c'est la religion qui nous
a unis. » Il avait eu la première pensée et fut
l'organisateur de l'association, dont il dressa
les statuts. Elle était partagée en quatre sections : philosophie, histoire, droit public, littérature. Deux fois par mois ces sections, dont
les conférences spéciales étaient hebdomadai-

mort en 1848; Ladey, doyen honoraire de la Faculté de
droit de Dijon; Prosper Lorain, l'historien de l'abbaye
de Cluny, que M. Foisset avait connu au collége de
cette petite ville; les marquis de Saint-Seine et d'Andelarre; Hugues Darcy, sous-secrétaire d'Etat au ministère de l'intérieur en 1850; Edmond Boissard, mort
président de chambre à Dijon; William Belime, professeur de droit; le poète voyageur Antoine de Latour;
Daveluy, directeur de l'École d'Athènes; Louis et
Charles Rabou, Abord, l'abbé Gatrey, recteur de
l'Académie de Limoges, etc. Il se tenait en dehors des
conférences ou académies de droit pour préparer les
étudiants aux examens.

res, se réunissaient pour entendre la lecture
de rapports juridiques ou littéraires. Ce n'était
ni une œuvre de propagande ni une succursale
de ce qu'on nomma plus tard la *Congrégation*.
C'était une union désintéressée des intelligences, comme on n'en rencontre qu'au printemps
de la vie, à l'heure où l'on a volontiers les
mêmes perspectives et les mêmes vœux. Pour
mieux éloigner toute couleur de parti, la pré-
sidence en fut décernée à Lorain, qui ne parta-
geait pas les opinions de son ami Foisset. Si la
majorité des associés était monarchique de foi
ou d'instinct, elle était sincèrement conciliante,
pratiquement libérale ; elle n'excluait personne,
elle répudiait le prosélytisme maladroit qui
souleva tant de haines contre la Restauration :
ceux qui survivent peuvent en rendre témoignage. La Société aurait pu prendre pour
devise la célèbre phrase de Tacite : *Liceat in-*
ter abruptam contumaciam et deforme obse-
quium pergere iter periculis vacuum. On ne
voyait pas les périls, il est vrai, on y avait des
illusions sans doute, mais qui n'excuse et ne

2.

regrette celles de la jeunesse? Une impatiente
curiosité faisait remuer plus de questions qu'on
ne pouvait en résoudre ; échauffés à la flamme
de la liberté et des lettres renaissantes, ces
jeunes gens croyaient trop candidement peut-
être à une *instauratio magna* de l'esprit humain; mais s'ils ne se défiaient pas assez de
l'avenir qui leur réservait plus d'une déception,
ils le devancèrent parfois en ouvrant des aper-
çus ignorés et en agitant les premiers des idées
dont la fortune ne s'est établie qu'après eux.

Il ne faudrait pas croire au surplus que les
études spéculatives l'emportassent sur les études pratiques. Pour être jaloux de devenir,
selon le mot du P. Lacordaire, autre chose
qu'un avocat de mur mitoyen, Théophile Foisset ne négligeait ni l'école ni son exégèse. Il
avait déjà, il conserva depuis une rare puissance
de travail qui lui permettait de mener de front
les études les plus variées, collaborant d'une
main à la *Biographie Michaud* (1), tandis que

(1) Parmi les notices signées de lui dans ce recueil,
il faut citer celles de Navagero, Pétrarque, Philippe

de l'autre il feuilletait le Code et ses commentateurs. Dès qu'il fut avocat, il voulut être docteur, et à peine ce dernier grade obtenu, il se disposa à prendre, avec vingt compétiteurs parmi lesquels figuraient deux de ses condisciples, MM. Lorain et Ladey, part à un concours ouvert à Paris en février 1827 pour une chaire de suppléant à la Faculté de droit. Le temps, non le courage, lui fit malheureusement défaut. Il n'était pas prêt et dut se retirer : mais une défaite n'équivaut-elle pas presque à une victoire, quand les combattants s'appellent Pellat, Demolombe, Oudot, Royer-Collard, Marie, Bravard, Serrigny ?

Son séjour à Paris ne fut pourtant pas perdu. Il se mit en contact avec plusieurs jeunes hommes dont le nom n'était pas encore célèbre, mais allait le devenir ; il pénétra même, tant il avait d'audace quand il s'agissait d'apprendre, dans les salons les moins accessibles, jusque dans les cénacles les mieux fermés. Un

le Bon, Philopœmen, Phocion, Piron, Pomponace, Pulci, Retz, Saumaise, Servan, Straffort.

correspondant parisien de la Société d'études dijonnaise, l'aimable et doux abbé Gerbet, celui dont Lacordaire disait qu'il avait la voix faible, mais pleine de miel, le conduisit au maigre foyer de la rue de Vaugirard, dans la grande chambre à peine meublée d'où sont sorties les *Paroles d'un croyant*. Il y eut avec Lamennais un entretien mémorable et y connut le futur archevêque d'Auch, le délié M. de Salinis, qui poussait alors en avant la *Société catholique des bons livres* et l'*Association pour la défense de la religion*. Un autre condisciple lui ouvrit la porte du *Globe* et de son directeur Dubois, doublé de son ombre, Pierre Leroux ; grâce à un Bourguignon, l'érudit Guigniaut, il alla chez Cousin, il se lia d'une étroite amitié avec le baron d'Eckstein, qui publiait le *Catholique;* un peu plus tard Lamartine le reçut avec la grâce caressante et pompeuse du poète enté sur le gentilhomme ; le dieu Victor Hugo (1), qui n'avait encore qu'un pied dans

(1) M. Foisset aimait à raconter qu'un jour, étant

l'Olympe, daigna l'admettre au rang de ses fidèles, à côté de Gustave Planche, de Sainte-Beuve, qui avait alors la flexibilité du lierre toujours en quête de l'ormeau, de David d'Angers, de Mérimée, les desservants familiers de la place Royale ; partout, même dans les groupes les plus hostiles, il porta sans affectation, mais avec netteté, une indépendance et une franchise d'opinions qui arrachaient à l'un de ses amis éphémères, dont il déclinait les offres tentatrices, cette exclamation dépitée : « Quel original ! Il veut rester provincial et chrétien ! »

Bourguignon et chrétien ! C'étaient bien en effet les seuls titres dont il se fît honneur, à

chez Victor Hugo, il entendit le poète lire cette admirable stance des *Fantômes* :

Il faut que l'eau s'épuise à courir les vallées ;
Il faut que l'éclair brille et brille peu d'instants ;
Il faut qu'avril jaloux brûle de ses gelées
Le beau *pêcher*, trop fier de ses fleurs étoilées,
    Neige odorante du printemps.

« Mais, s'écria le Bourguignon, les fleurs du pêcher sont roses ! — Ah bah ! dit le poète qui ne s'en était jamais douté : eh bien ! mettons *pommier*. »

l'exception peut-être d'un troisième qu'il am-
bitionnait depuis l'École de droit et qui se fit
longtemps attendre, celui de magistrat. On a
souvent parlé de l'influence du *parti-prêtre*
sous Charles X et du joug occulte auquel il
avait assujetti le gouvernement lui-même, tenant école d'hypocrisie, disposant à son gré des
places et ne les cédant qu'en échange d'un bil-
let de confession. Cette effroyable puissance
n'était pas telle, à Dijon du moins, qu'elle pût
sans obstacles faire un juge suppléant, ou
M. Foisset était bien mal avec elle, car il n'ob-
tint ces modestes fonctions qu'au mois d'avril
1828, dans le siége le moins recherché du ressort, au tribunal de Louhans, et il fallut, sept
mois plus tard, qu'un de ses oncles, juge à
Beaune, déposât prématurément sa robe pour
qu'on lui accordât avec la faveur de le rem-
placer le droit, hélas ! trop tardif de rentrer
dans la maison paternelle, déserte depuis six
ans.

II

Sans suivre M. Foisset dans sa carrière judiciaire, qui ne nous appartient pas, je m'interromprai ici quelques instants pour jeter un rapide coup d'œil sur l'état des esprits au moment où il entrait dans les fonctions publiques, non point assurément parce que celles-ci lui assignaient un rôle digne de mémoire dans les affaires du pays, mais parce qu'il allait y associer des travaux et s'inscrire dans un cercle d'activité qui lui ont fait une place à part au milieu de ses concitoyens.

L'accalmie des premiers jours qui avaient suivi la Restauration avait depuis longtemps cessé. Deux partis extrêmes étaient désormais en présence. L'un, formé d'éléments disparates et sans programme bien arrêté, mais imbu

des préjugés, des passions, du scepticisme mal-
sain et des témérités antisociales de la fin du
dernier siècle, attaquait sans merci le nouveau
régime. L'autre, ni plus éclairé ni plus prudent,
reculait chimériquement son idéal bien loin
derrière 1789. Entre eux une génération s'était
élevée qui avait pris la robe virile à l'heure où
les deux adversaires se disputaient la parole,
qui les avait écoutés et les avait compris. Sous
la violence de leur langage, elle avait senti le
vide de leurs pensées et l'excès de leurs pré-
tentions. Inférieure par l'éclat, la force et le
nombre, mais supérieure par la générosité de
l'intelligence et des convictions, elle avait en-
trepris de résoudre le problème, jusque là
regardé comme insoluble, de rapprocher l'ancien monde du nouveau, d'unir l'autorité à la
liberté, de réconcilier les idées émancipatrices
des débuts de la Constituante avec la foi religieuse retrouvée par le siècle en son berceau.
N'était-ce pas un pur mirage, ce rêve pouvait-il
devenir une réalité? Elle ne doutait pas du succès, et pour l'obtenir un jour se résignait d'a-

vance à de longues défaites. Je ne nie point
qu'elle ne se soit ainsi exposée à des alliances
dangereuses : celle de Lamennais notamment,
quoique le sombre dogmatisme de l'opiniâtre
Breton ne répugnât pas moins au fond à la
doctrine catholique qu'à la thèse libérale, devait
lui être un instant funeste ; mais elle s'imposait
alors par le talent, par une écrasante renommée ; il s'agissait d'ailleurs de lutter, de faire
face à l'ennemi commun, et combien les forces
en présence étaient inégales !

On n'est trahi que par les siens. Le gouvernement de la Restauration en donnait une
preuve nouvelle.

En mêlant sans besoin le nom du clergé à
leur politique personnelle, certains de ses défenseurs avaient jeté celui-ci dans une injuste
mais manifeste impopularité. Malgré le secours
officiel, ou plutôt à cause de lui, l'Église se
trouvait en fait désarmée, parce que l'opinion
s'éloignait d'elle. Une partie du peuple, qui
avait tressailli de joie au rétablissement des
autels, revenait à la haine du prêtre ; l'insulte

3

s'attachait à l'habit. La plus grossière n'était pas la plus redoutable : de toutes les orgies, celles de l'impiété sont sans doute les pires, mais ceux qui s'y livrent avec fureur me semblent parfois moins insensés que ceux qui sourient en les regardant.

Or on ne souriait pas seulement dans les classes dites éclairées, on voulait aussi faire sourire et surtout faire mépriser. Parmi tous les journaux qui avaient déclaré la guerre à l'Église, confondue dans une haine commune avec les Bourbons, le *Globe* se distinguait par le ton élevé, grave de sa critique, l'éclectisme habile de sa rédaction et une modération apparente qui ne retranchait rien à l'acuité de ses attaques. Fondé en septembre 1824 par Dubois (de la Loire-Inférieure) et Pierre Leroux, soutenu par un imprimeur financier, Lachevardière, par des plumes élégantes et aiguisées comme celles de MM. Damiron, Rémusat, Trognon, Albrand, touchant à toutes les questions du jour, au romantisme libéral avec Duvergier de Hauranne et Sainte-Beuve, à l'érudition avec

Ampère et Magnin, à la philosophie avec Jouf-
froy, à l'histoire et à l'art avec MM. Vitet,
Duchâtel, Mérimée, Thiers lui-même qui y fit
un salon, mais principalement à la politique
par la pointe révolutionnaire et girondine de
Dubois, qui en était l'âme, ce journal atteignit
en 1828 à une hardiesse et à une âpreté de
censure qu'aucun organe de la gauche n'avait
encore égalées. Combien de ses rédacteurs,
devenus secrétaires d'État, préfets, ministres
et partant conservateurs, ont oublié ces péchés
de jeunesse! Ils faisaient surtout rage contre
le ministère Martignac et croisaient leurs feux
avec la *Quotidienne*, entraînée comme la droite
pure dans l'opposition par un journaliste in-
comparable, ministre tombé, dont les accès de
colère ébranlaient la monarchie : j'ai nommé
Chateaubriand.

Ce qui ajoutait à la chaleur de la lutte, c'est
qu'au même moment se levait en pleine séve
une nouvelle littérature, ou pour être plus
exact, une neuve et brillante école, qui passionnait la jeunesse, qui étonnait l'âge mûr et pré-

tendait tout réformer, l'histoire comme la
poésie, l'art comme la critique, la science
morale et même à un certain degré le dogme
religieux. Cette école n'était pas précisément
politique; attirant à elle sans choisir tous les
talents, elle se colorait de trop de nuances
variées pour faire une armée compacte et rallier ses volontaires sous un seul drapeau; mais
elle exaltait l'esprit, elle échauffait les intelligences, elle leur communiquait je ne sais
quelle foi mystique dans un avenir inconnu
que nul ne pouvait sonder, mais que chacun
accommodait à ses préférences comme la terre
de lait et de miel promise dès la sortie d'Égypte
aux Hébreux. On gravissait la montagne sans
en voir le sommet, sans connaître ce qu'on
découvrirait au delà; on attendait l'imprévu,
mais avec la confiance qu'il dépasserait les
plus audacieux espoirs. Alors resplendiraient
le beau, la vérité et la justice éternelles : les
pères étaient morts en route dans le désert;
heureux les fils qui, touchant le but, repren-
draient leur œuvre et mèneraient à fin la

noble tâche de rajeunir l'humanité! Par une étrange inconséquence, ces soi-disant précurseurs se paraient d'un vêtement démodé : ils s'appelaient les romantiques.

Avant de réaliser un programme de conciliation, avant d'atteindre à la fusion désirée de deux courants contraires, il fallait d'abord rompre avec les extrêmes, il fallait surtout conjurer le péril le plus prochain qui menaçait l'Église et la dynastie, c'est-à-dire le libéralisme outré et puritain. Il fallait ensuite, dans le domaine littéraire, sans méconnaître ce que les tentatives nouvelles avaient de fécond et de généreux, en y accédant même dans une mesure raisonnable, mettre le public en garde contre l'idée vague, superficielle ou abstraite, contre la phrase, contre le faux goût, l'exagération et le convenu en tout genre, contre les séductions pittoresques et déclamatoires. C'était, dès 1827, la pensée de M. Foisset et de deux ou trois anciens membres de la Société d'études; c'était le vœu de quelques jeunes gens qui, loin de lui, partageaient à son insu son besoin d'initiative et ses aspirations. On vit donc apparaître presque à la même date, mais avec une destinée et en des lieux différents, deux recueils périodiques dont le premier lui dut le jour et le second une part de sa renommée, le *Provincial* à Dijon et à Paris le *Correspondant*.

Au dessein de défendre, selon sa devise, qui avait été déjà celle du *Conservateur*, *le roi, la charte et les honnêtes gens*, c'est-à-dire l'opinion constitutionnelle modérée, le *Provincial* en joignait un autre qu'indique son nom et que ne déguisait nullement son fondateur, celui de ranimer en Bourgogne le mouvement intellectuel et littéraire confisqué au profit de la capitale. Outre l'épigraphe empruntée au *Joueur :*

Ce Sénèque, Monsieur, était un galant homme.
Etait-il de Paris?..... Non,

son premier numéro portait ce sous-titre exclusif : *Recueil dédié à 85 départements,* qu'une meilleure inspiration retrancha bientôt. Il pa-

rut le 1ᵉʳ mai 1828, juste au moment où
M. Foisset prenait à Louhans possession de
son siége de magistrat. La rédaction principale
en était confiée à Ch. Brugnot, jeune poète
d'avenir, compatriote et condisciple de Th. Foisset au collége de Beaune, tombé d'épuisement
physique en 1831, dans toute la séve de son
talent, et à qui son ami a consacré dans les
Mémoires de l'Académie de Dijon quelques
pages émues (1). Le gérant était un autre poète,
Louis Bertrand, auteur de versiculets d'une
élégante facture, qui devint vers 1845 un des
saints du calendrier romantique. Pour collabo-
rateurs ordinaires, il avait M. d'Andelarre,
propriétaire par tiers du journal avec MM. de
Saint-Seine et Foisset, le frère cadet de celui-

(1) Voir les *Mémoires* de 1831. Ch. Brugnot, né à
Painblanc le 17 octobre 1798, reçu à l'Académie le
6 janvier 1829, a publié à Troyes, où il professa quelque temps les humanités, une traduction de l'*Enco-
mium Moriæ*, un roman de quelques pages, les *Lettres
de Julien*, improvisé dans le feu de la fièvre et d'une
première lecture de *Werther*, et a fondé le *Spectateur*
de Dijon. M. Foisset a donné en 1832 un volume de ses
poésies.

ci, l'abbé Sylvestre, l'archéologue Maillard de
Chambure, B. Forneron, depuis proviseur du
lycée Bonaparte, et l'abbé Bautain, qui n'avait
pas encore pris les ordres sacrés. Mais l'âme
résidait ailleurs : séparé de ses amis par la
distance, M. Foisset ne les quittait point par la
pensée ; il les aiguillonnait sans cesse, il était
le moteur invisible et toujours présent. La législation sur la presse, les progrès de la science
historique, la question d'enseignement, la liberté politique et religieuse, le romantisme,
l'histoire locale, tous les sujets lui étaient bons
et tous étaient vivement traités par sa plume
infatigable qui rappelait le cri de Lacordaire :
Bataille ! La lutte semblait son élément naturel ;
comme à Mme de Sévigné, les grands coups
d'épée ne lui déplaisaient pas.

Si humble qu'il fût et surtout si courte qu'ait
été son existence, le *Provincial* se fit une
estimable réputation dans la presse. Alfred de
Musset,

> Alors garçon dans la grande boutique
> Romantique,

lui confia ses premiers vers. Guigniaut, Edgar
Quinet, originaire de Charolles et qui débutait
dans les lettres, tinrent à honneur d'y inscrire
leur nom. V. Hugo (1), Nodier, Brifaut, Chateaubriand lui adressèrent les lettres les plus
flatteuses. Ce dernier caractérisait heureusement la couleur du recueil : « Le *Provincial*
croit que l'on peut être libre et chrétien, royaliste et constitutionnel ; il ne dédaigne point le
passé, ne calomnie point le présent et met son
espérance dans l'avenir. » Ce n'était point sans
doute l'avis de l'organe habituel de son parti,
la *Quotidienne*, qui appelait avec dédain la
petite feuille dijonnaise, « le journal obscur,
ministériellement littéraire. » C'était encore
moins celui du *Globe*, contre lequel le *Provincial* réservait spécialement ses modestes
foudres. La justice exige de dire que sans
sortir des bornes d'un langage décent et me-
suré, son directeur ne taisait la vérité à personne, même à ses amis ; je ne saurais en

(1) Sa lettre est du 8 mai 1828. Inutile de dire qu'elle
est d'une orthodoxie et d'un royalisme enflammés.

3.

fournir une preuve meilleure qu'en citant le prophétique avertissement qu'il adressait aux évêques signataires de la protestation du cardinal de Clermont-Tonnerre contre la suppression de huit séminaires! « Vous réclamez la liberté des catacombes, et vous ne voyez pas que l'incrédulité triomphante prend acte de vos paroles. » Dès 1828, à quarante ans de distance, seul entre tous, il voyait se lever à l'horizon le nuage sombre de la séparation de l'Église et de l'État.

Le *Provincial* mort, malgré son nom, grâce à l'incurable apathie de la province, il se tourna vers le *Correspondant*, dont une discrète, mais singulièrement persistante et efficace initiative, celle de M. Bailly, décidait l'année suivante la fondation à Paris, avec un programme semblable. Non seulement il poursuivait ainsi le but constant de sa vie, mais il se rapprochait, au moins de la pensée et du cœur, d'amis à peine entrevus, dont la sympathie lui était désormais acquise et qui pressentaient déjà comme lui, sans les découvrir tout à fait, les

périls auxquels l'absolutisme radical de M. de
Lamennais allait exposer la jeunesse catholique.
On me pardonnera de les nommer : c'était
Edmond de Cazalès, riche esprit, cœur plus
riche encore ; Louis de Carné, une fine et stu-
dieuse intelligence, guidée par la plus délicate des consciences ; Franz de Champagny, le
peintre sévère des Césars, une sorte de Tacite
chrétien ; les Kergorlay, Wilson, le plus tendre,
le plus uni et le plus simple des hommes de
bien. C'était enfin Lacordaire, dont il ne cessait
d'éclairer la marche encore incertaine et flottante ; Lacordaire, qu'une admiration ingénue
avait entraîné à La Chesnaie sur les pas du
Maître, mais qui ne pouvait se défendre d'une
secrète défiance pour ce morne dominateur
chaque jour plus tranchant et plus acerbe, et
personne ne raviva mieux à l'occasion ses scru-
pules que le clairvoyant conseiller qui veillait
sur lui, comme sur un frère, du fond de sa
Bourgogne bien-aimée.

Ce premier *Correspondant* fut éphémère,
moins toutefois que son précurseur de pro-

vince. L'ouragan de 1830, qui souleva les passions antireligieuses et fit un instant reculer les
masses par delà 1800 (on se rappelle le sac de
l'archevêché), n'emporta point son drapeau,
maintenu haut et ferme pendant la tourmente
contre les préjugés de l'extrême droite, les
haines de la gauche et les illusions de l'*Avenir*.
Mais si ces fondateurs rencontrèrent de pré-
cieuses recrues dans les régions élevées, libérales et purement philosophiques, le gros du
public ne venait pas encore à eux ; ils rompi-
rent leurs plumes en 1834, plutôt que de faillir
à eux-mêmes ou à leur cause ; il y eut une
halte, mais nul écart, aucune défection.

C'est peut-être trop insister sur les détails ;
il n'est pas mauvais néanmoins de revenir sur
ce coin étroit et délaissé de la presse contem-
poraine, et de saluer du geste, en passant, la
vaillante petite cohorte qui déjà se préparait,
en ces jours ingrats, à conquérir la liberté
d'enseignement. Que la postérité, pressée de
tout résumer en un nom, glisse légèrement sur
les autres, il n'y a pas à s'étonner ; mais der-

rière les lignes majestueuses de l'histoire, au milieu de l'épaisse et luxuriante frondaison de notre seconde renaissance littéraire, mes regards s'arrêtent, je l'avoue, de préférence sur ces groupes isolés de jeunes hommes rapprochés, sans s'être vus, par une foi commune, dont les vœux faisaient les idées, dont la jeunesse faisait les amitiés, qui s'embarquaient à la même date sur la même nef, au même port et sur la même mer pour commencer ensemble la périlleuse traversée de la vie, qui ne demandaient rien à leur temps pour eux-mêmes, pas même le maigre salaire de fugitive renommée dont se paie la plume laborieuse, qui sollicitaient seulement de l'avenir, pour les fils de leurs croyances, un peu plus de justice, de tolérance et de liberté.

Ce n'était pas assez pour absorber M. Foisset. Ni ses fonctions judiciaires, qu'il remplissait avec une ponctualité et un scrupule rigoureux, ni ses travaux de polémique éparpillés dans d'autres recueils, comme les *Annales de philosophie chrétienne*, de Bonnety, ni ses ef-

forts pour restaurer les études au petit-séminaire de Plombières, n'épuisaient sa dévorante
activité.

Il ne délaissait pas l'Académie qui lui avait
ouvert ses rangs. On raconte qu'un noble génois, visitant Florence, disait à un artiste célèbre de cette ville, qui lui servait de guide :
« Nous sommes fils de deux belles cités, et si
je n'étais Génois, je voudrais être Florentin. »
— « Et moi, répondit l'artiste, si je n'étais pas
Florentin... » — « Vous voudriez être Génois ?»
— « Non, je voudrais être Florentin. » Provincial impénitent, M. Foisset aimait les réunions
de ses confrères comme ce Florentin aimait sa
patrie. On peut dire qu'il était né académicien.
*Ille terrarum mihi prœter omnes angulus
ridet,* disait-il avec Horace. Non qu'il se fît de
ce cercle restreint une idée plus haute qu'il
convient, mais il aimait le travail en commun,
l'échange familier des idées, cette cohabitation
morale qui crée une sorte de parenté des intelligences, qui les stimule au moins et les
rafraîchit. Il avait le génie et le culte de l'asso-

ciation. Celle-ci lui était passionnément chère.
Il voyait en elle, ce sont ses propres paroles,
un dernier débris de notre ancienne existence
municipale, une institution en quelque sorte
nécessaire pour conserver à Dijon son caractère et son auréole de ville lettrée, c'est-à-dire
la meilleure part de son importance relative, le
dernier fleuron de sa couronne historique.

Personne n'était plus que lui jaloux de son
honneur ni plus désireux de lui conserver son
vieux renom. Qu'on me permette d'en donner
la preuve en citant la lettre qu'il adressait, le
27 décembre 1849, à l'un de ses présidents :

« En apprenant votre nomination, mon premier mouvement a été d'en féliciter l'Académie
plus encore que vous-même.

« En recevant votre discours, j'éprouve le
besoin de vous remercier de cette marque de
souvenir et des sentiments que vous exprimez
à l'égard d'un corps auquel j'ai l'honneur d'appartenir depuis bientôt trente années.

« Nul n'est mieux fait que vous, Monsieur,
je le dis sans compliment, pour rendre à l'Aca-

démie, sinon tout ce qu'elle a perdu, au moins
le degré de considération et d'influence qu'il
peut lui être permis d'espérer encore. Membre
éminent d'une autre Compagnie qui tient à
Dijon le premier rang sans contestation aucune, à la fois magistrat, homme d'études et
homme du monde, vous ferez honorer partout
la Société littéraire qui vous a choisi pour
chef.

« Vous y réussirez surtout en insistant, comme
vous le faites dans votre discours, sur la sévé-
rité des choix. MM. Peignot, Antoine, Berthot,
Dumay (permettez-moi d'ajouter à ces noms
celui de M. Darcy), sont de bien grandes per-
tes. L'Académie ne saurait trop se tenir en
garde contre une impatience trop vive de leur
donner des successeurs. »

Dès son entrée il y avait pris rang parmi les
plus laborieux. Je ne parle pas seulement de
ses comptes-rendus comme secrétaire adjoint,
fonction qui lui fut conférée en 1821, au temps
où il traduisait en vers le cinquième acte de la
Polynice d'Alfieri, et où il citait à la barre de

l'Académie, avec une gravité précoce, le romantisme dont les « succès viagers » ne lui inspi-
raient nulle confiance ; en littérature comme
en politique son bon sens se défiait déjà des
révolutions qu'on fait sans le vouloir. Je parle
de ses études plus creusées et plus spéciales,
de son rapport sur la question de l'autorité,
mise au concours en 1823, où il démontrait
avec une pressante logique que si la volonté de
l'homme est toujours libre, elle n'est jamais
complétement indépendante ; de sa publication
des poésies de Brugnot et des œuvres philosophiques du président Riambourg, le protecteur
et l'inspirateur sévère de sa jeunesse (1) ; de
ses articles sur les *Annales du moyen-âge* et
l'édition des *Pensées* de Pascal, donnée en
1835 par un homme au-dessus de sa renommée, M. Frantin (2) ; de sa correspondance

---

(1) Il donna deux éditions de ces œuvres, l'une publiée avec son frère Sylvestre, en 1837 ; l'autre, plus
complète, en 1849. Voyez aussi la notice nécrologique
qu'il écrivit sur M. Riambourg dans le *Correspondant*
de 1849.

(2) Voy. le *Correspondant* d'avril 1843.

inédite de Voltaire avec Frédéric II, le président de Brosses (1), M. de Ruffey et Mme Bellot,
qu'une heureuse fortune avait fait tomber entre
ses mains ; de son mémoire sur les causes se-
crètes de la chute de Charles-le-Téméraire,
c'est-à-dire sur la fin du moyen-âge chevale-
resque, dissertation solide et neuve, même
après les historiens suisses Gingins, Emman,
Rodt, qui l'avaient provoquée (2) ; de son rapport sur les plans d'achèvement de l'hôtel de
ville de Dijon, et sur les hommes illustres qui
ont habité cette cité (3) ; je parle surtout, dans
l'impuissance où je suis de tout citer, de son
projet d'élever un monument aux lettres bour-
guignonnes, sur le modèle de l'*Histoire littéraire* de France (4), dessein digne de ce béné-

(1) Publiée par les soins de l'Académie en 1835.
(2) *Mémoires de l'Académie de Dijon*, 1852.
(3) Id.
(4) Dans sa séance du 14 mars 1832, l'Académie avait
décidé la publication d'une histoire littéraire de Bourgogne et avait chargé M. Foisset d'en arrêter le plan.
Elle avait en même temps sollicité par son organe une
subvention spéciale du Conseil général de la Côte-d'Or.

dictin laïque, que nos vicissitudes ont malheureusement étouffé jusqu'à ce jour, malgré le
bon vouloir de la Compagnie, mais qui a du
moins donné naissance à une œuvre d'une érudition originale et délicate, à ce brillant tableau
de la vie parlementaire au XVIIIᵉ siècle, peint
par M. Foisset à larges touches, sous le prétexte d'écrire la vie du président de Brosses,
un magistrat comme lui, un lettré comme lui,
et qu'il eût été si heureux de trouver chrétien
comme lui.

J'y rattacherais volontiers, car ce sont les
anneaux de la même chaîne, et les notices bio-
graphiques dans lesquelles il se plaisait à
embaumer la mémoire de ses confrères, et la
victorieuse polémique (1) qu'il soutint contre
Alexandre Thomas, le spirituel mais paradoxal
auteur d'*Une province sous Louis XIV*, polémique dans laquelle, après avoir vivement pris
à partie les défenseurs à outrance de la centra-
lisation, en rappelant le mot de M. de Barante :

(1) *Mémoires de l'Académie,* 1846.

« On est las de voir l'histoire, comme un so-
phiste docile et gagé, se prêter à toutes les
preuves que chacun veut en tirer, » il conju-
rait ses confrères de sauver de l'oubli les titres
les plus précieux de notre vieux renom provincial, de recueillir tous les manuscrits relatifs
à l'histoire de Bourgogne, et notamment les
chartes qui consacrèrent les franchises de nos
communes. Son vœu a été dignement exaucé,
mais après combien d'années !

La tradition, les ancêtres, les débris du passé
lui étaient quelque chose de grand et de vénérable ; il s'attristait de la disparition de nos ar-
chives comme d'une ruine où il lisait avec
regret la caducité de l'homme et de ses œuvres.
La destruction pesait à son âme, et il ne voyait
rien périr de ce qui avait longtemps duré sans
l'honorer d'un soupir éloquent. Aussi allait-il
droit à tout ce qui pouvait réchauffer l'esprit lo-
cal, l'amour de la petite patrie. Deux de ses anciens condisciples, devenus un jour ses rivaux
sans cesser d'être ses amis, MM. Ladey et Lorain, fondent en 1836 la *Revue des deux Bour-*

gognes, destinée à rapprocher deux provinces voisines, le Duché et le Comté. Il est le premier à leur assurer sa collaboration et fait mieux : il la réalise en publiant, outre des fragments de son président de Brosses, des lettres inédites de Leibnitz, une lucide analyse de la *Lettre sur le Saint-Siége*, de Lacordaire, un article sur la contrefaçon littéraire et un intéressant récit de la visite qu'il avait rendue en 1834 à Silvio Pellico, au cours d'une rapide excursion en Lombardie, dans la retraite enchantée de la Vigna Barolo, où il vit également l'une des reines de la charité italienne, la marquise de Barol. C'est à ce voyage que remontent aussi ses premières relations avec les catholiques génevois, dans la personne du vénérable curé de Genève, l'abbé Vuarin.

Pourquoi ne pas l'avouer ? Ce que je place peut-être au-dessus de ses travaux, ce que je goûte au moins davantage, parce que plus le genre est faux, plus il y a de mérite à ne pas s'y montrer vulgaire, ce sont ses éloges. « On ne saurait, disait-il dans l'un d'eux, mieux

louer que M. Frantin; » je répéterai aussi
justement à mon tour : Personne n'a mieux
tracé un portrait que M. Foisset. Qu'il s'agît de
ses intimes, de ceux qu'il avait aimés dans l'âge
où les racines de notre vie, pleines encore de
souplesse et de séve, s'attachent par leurs fibres
les plus tendres aux plantes qui croissent dans
le même sol, les enserrent de leurs nœuds et
les font pour ainsi dire vivre de la même sub-
stance avec elles, ou de ceux que les hasards
de l'existence avaient jetés, déjà mûrs et ache-
vés, sur sa route, il trouvait pour les peindre
non seulement le mot flatteur, mais le mot vrai
qui restait. Qu'on lise ses notices sur MM. Gueneau de Mussy et d'Aumont (1); sur M. de
Saint-Mémin (2), M. Saunac (3), l'ancien procureur général Nault (4); sur M. Frantin (5);

(1) *Mémoires de l'Académie,* 1831 ; — *Union Bour-
guignonne* du 11 avril 1868.
(2) *Spectateur* de Dijon du 21 février 1856.
(3) Id. du 1ᵉʳ juillet 1856.
(4) *Mémoires de l'Académie,* 1856.
(5) Id., 1863.

sur le cardinal Morlot (1); sa première esquisse
sur Lacordaire (2), avec cette épigraphe : « Il
n'y a rien de plus précieux que la mémoire des
belles âmes ; » ses nécrologies d'Ozanam, du
P. de Ravignan (3), du P. Besson, les dernières
pages qui tombèrent de son lit de souffrance sur
M. de Montalembert (4), et l'on sera comme
moi frappé de la vigueur du trait; sa pensée
vive ne fait qu'un saut du cœur sur le pa-
pier et y grave comme à l'eau forte une empreinte ineffaçable.

(1) *Correspondant de* 1863.
(2) *Mémoires de l'Académie,* 1863.
(3) *Correspondant* de 1858 et 1860.
(4) *Correspondant* de 1872.

III

Une amitié nouvelle vint, sans la rompre, détourner son activité de ce courant particulièrement historique et provincial pour la rejeter vers les œuvres qui avaient déjà rempli sa première jeunesse. En 1837, le 10 novembre je crois, un voyageur s'arrêtait au seuil de sa demeure, à Beaune, et demandait une place à son foyer. C'était Charles de Montalembert, le jeune pair de France, déjà illustré par ses luttes pour l'*École libre* ou dans l'*Avenir*, plus encore par sa soumission douloureuse, mais exemplaire, à la censure prononcée par Rome contre les doctrines de ce journal, Montalembert qui méditait depuis plusieurs années de couronner son *Histoire de sainte Élisabeth* par celle de saint Bernard, dont les *Moines*

4

d'Occident ne devaient être en réalité que la préface, et qui en rassemblait de tous côtés avec passion les matériaux. Henri Lacordaire l'avait adressé à son ancien condisciple bourguignon, afin qu'il pût visiter sous sa conduite Cîteaux, ou pour mieux dire les restes outragés de la célèbre abbaye, d'où s'était envolé en 1115 le pieux essaim qui colonisa la vallée de l'Aube. Aucun choix ne pouvait être meilleur. Dès le premier mot, dès le premier regard, M. de Montalembert et M. Foisset se tendirent la main : ils s'étaient compris.

En décrivant plus tard, dans la vie de Lacordaire, la naissance et les progrès du parti improprement nommé le parti catholique et qu'il eût été plus exact comme plus modeste d'appeler le parti de la liberté religieuse, M. Foisset a rapproché dans le même cadre, en quelques traits sobres et nets, les images des deux hommes qui en furent dans la France de Juillet non pas sans doute les uniques, mais les plus brillants parrains.

« Il fallait, dit-il, pour mieux nous en expli-

quer l'origine obscure et les mystérieux déve-
loppements, il fallait qu'au sein de cette génération pleine de séve, qui avait grandi dans
une atmosphère fortifiante, Dieu se fût choisi
deux hommes, l'un dans le patriciat, l'autre
dans la bourgeoisie; qu'il les eût doués tous
les deux d'une âme généreuse, tous les deux
du don le plus puissant qu'il puisse faire aux
hommes, le don d'émouvoir; qu'il les eût fait
se rencontrer et s'aimer comme deux frères à
leur entrée commune dans la vie publique;
qu'il eût mis dans leur cœur une même ardeur
de foi, une même flamme d'amour pour l'É-
glise; qu'il leur eût donné à tous deux une
notoriété précoce en les associant à l'œuvre la
plus nouvelle et la plus retentissante, la création
du premier organe quotidien qu'aient eu les catholiques en France; qu'il eût fait l'un pair de
France par hérédité juste au moment où l'hérédité de la pairie allait disparaître, lui assurant
ainsi une tribune qui ne pouvait lui être enlevée;
qu'il eût appelé l'autre au sacerdoce et qu'il en
eût fait le roi de la chaire apostolique, tenant

chaque année à Paris, durant des mois, des
milliers d'hommes suspendus à ses lèvres; enfin qu'élevés tous les deux par l'Université, ils
eussent conçu et conservé tous les deux une commune horreur de l'éducation qu'ils y avaient
reçue. Si rien de tout cela n'est providentiel,
il faut rayer de l'histoire le nom de Dieu. »

La conclusion est juste et l'amitié n'a point
trop chargé le tableau. Mais pour le rendre
complet, il faudrait ajouter au groupe, sur
l'arrière-plan, il est vrai, et dans la pénombre
où elle se tenait modestement cachée, une troisième figure que M. Foisset seul n'avait pas le
droit d'y placer : c'est la sienne; c'est celle du
conseiller prudent, discret et toujours écouté,
qui, poursuivant son rôle du *Provincial,* servait de modérateur à ses amis; qui, loin des
agitations du monde, aussi étranger aux con-
voitises qu'aux irritations personnelles, aussi
sûr de sa science que de sa foi, aussi éloigné
des affirmations hasardées que des entraîne-
ments périlleux, mais alliant une inébranlable
fermeté d'idées à une parfaite mesure de con-

duite, les retenait à l'approche des orages, leur signalait les écueils, au premier surtout, parce qu'il était le plus téméraire, calmait ou réconfortait selon les besoins ses émules, leur communiquait à l'heure du combat sa lucidité et le sang-froid qui font gagner les batailles ; c'est enfin celle du soldat obscur, mais toujours en éveil, de cette petite avant-garde longtemps sans corps d'armée, qui dépensa trente années de son existence à l'œuvre ingrate d'éclairer la marche de ses compagnons, et dont on ne connaîtra jamais les véritables services, si l'on ne rassemble et ne dépouille un jour la correspondance qu'il jetait chaque matin aux quatre vents du ciel.

Une des premières conséquences de la liaison de M. Foisset avec M. de Montalembert fut la résurrection du *Correspondant*, qui, grâce aux efforts combinés des amis de la liberté religieuse, aidés de la bourse de M. de Saint-Seine, reparut le 15 janvier 1843, avec le concours et bientôt après sous la direction spéciale de M. Ch. Lenormant. M. Foisset l'inau-

gura par un magistral article sur le *Port-Royal*
de Sainte-Beuve, suivi à peu de distance d'une
étude sur le *Pascal* de Cousin. La seconde
conséquence, et certes la plus importante, car le
recueil de 1829 n'avait été restauré que dans ce
but, fut l'ouverture de la brillante et célèbre campagne pour obtenir la liberté d'enseignement.

Cette question n'était pas nouvelle. Elle l'était
moins pour M. Foisset que pour un autre, car
il la discutait dès 1821 sur les bancs de l'école
et plus tard dans les colonnes du *Provincial*.
Elle ne l'était pas non plus pour les journalistes
et pour les politiques, car les uns (je parle des
écrivains ultra-libéraux) ne se lassaient point
depuis Voltaire de reprocher à Louis XIV les
enlèvements des enfants calvinistes arrachés à
leurs mères pour être convertis à la foi catholique, et les autres, comme MM. Guizot et
Villemain, avaient sans succès tenté d'introduire dans notre législation pratique le bienfait
de cette liberté nettement, quoique étourdi-
ment promise par la Charte de 1830. Mais elle
l'était pour le pays, surtout pour celui qu'on

appelait alors le *pays légal*, c'est-à-dire la majorité des censitaires, majorité immobile et indifférente, qui ne se passionnait ni pour ni contre le monopole, qui n'avait au fond ni préférence ni répulsion pour l'Université, mais qui se liait à elle par l'habitude et qui résistait d'instinct à toute agitation capable de troubler son repos. Poser la question à cette heure, c'était donc soulever contre soi sinon des hostilités, tout au moins des défiances presque universelles, celles de la gauche, qui ne voulait point d'une liberté utile à ses adversaires; celles des deux centres, qui voyaient alors une machine de guerre dirigée contre le gouvernement de leur choix; celles d'une partie de la droite elle-même et de plusieurs membres de l'épiscopat, qui redoutaient de sortir, sans espérances probables, des voies circonspectes et modérées.

M. de Montalembert et, après lui, M. Foisset la posèrent néanmoins, cette question brûlante, en des termes qui ne permettaient guère ni l'équivoque, ni l'indifférence, ni l'abstention. « L'État, disaient-ils, a la faculté, légalement et politiquement du moins, de maintenir dans son sein l'Université qui a été adoptée par lui, et que les révolutions ont respectée; mais il n'a pas le droit, sous peine de violer la constitution qui est la condition même de son existence, d'imposer à tous les citoyens un système d'éducation qui compromet le maintien de la liberté et de la croyance religieuses au sein de leurs familles. De ce que l'État n'a point de religion, de ce qu'il pratique la théorie de l'athéisme, ou, si l'on préfère une expression moins crue, de la laïcité officielle, il n'en résulte point pour lui la faculté d'empêcher les citoyens d'avoir une foi. Bien loin de là, la Charte non seulement promet la liberté d'enseignement, mais elle garantit solennellement la liberté religieuse, qui ne serait plus qu'une dérision, si l'enfance devait être exclusivement façonnée au profit d'un rationalisme négatif! Que l'État garde son Université, mais qu'il nous laisse la liberté d'en rester dehors. »

Voilà le terrain sur lequel la lutte s'engagea, lutte parlementaire, il est vrai, mais ardente et sans trêve, qui se poursuivit durant huit années, qui eut la trop courte fortune d'apaiser les divisions et de rallier les forces éparses des catholiques, d'unir Lacordaire et le P. de Ravignan, Mgr Parisis et M. de Vatimesnil, M. l'abbé Dupanloup et M. Louis Veuillot, l'évêque de Chartres et le comte Beugnot, lutte dont il ne me sied pas de rappeler les émouvantes péripéties, d'ailleurs si vivement décrites par M. Foisset dans son étude sur Montalembert, et à laquelle il se mêla, lui l'homme de plume, mais encore plus l'homme de sages conseils, à la seule tribune qui lui fût ouverte, dans le *Correspondant*. Qu'il me suffise d'en citer après lui un incident : « A la chambre des députés, dit-il, M. Dupin aîné avait prononcé contre l'attitude du clergé un réquisitoire vivement applaudi, qui se terminait par ces mots : *Soyez implacables* (1). A la chambre des

(1) Ce discours a été prononcé le 16 mars 1844. Le mot de M. Dupin parut un peu fort, et dans la version corrigée du *Moniteur*, on y substitua : *Soyez inflexibles.*

pairs, M. de Montalembert prit à partie le
réquisitoire de M. Dupin et le mit littéralement
en pièces. Ce fut le châtiment du caustique
champion du gallicanisme parlementaire de
subir en personne et en silence, dans la tribune
réservée où il se trouvait placé durant le discours de M. de Montalembert, cette flagellation
publique. Elle fut exemplaire (1). » Le modeste
narrateur n'oublie qu'une chose, c'est qu'il répondit aussi personnellement à l'éminent magistrat et que, sans l'autorité du nom ni le
prestige de l'éloquence, mais avec le seul droit
que donne le savoir mûri par l'examen attentif
et prolongé des textes, il le battit à l'aide de
ses propres armes, c'est-à-dire à l'aide de
Bossuet (2).

Un théologien sous la robe du juge, la chose
était nouvelle dans un temps qui prisait peu la
forte érudition ecclésiastique du XVIIᵉ siècle,
et M. Dupin, dont le mortier d'hermine se dou-

(1) *Correspondant* du 10 septembre 1872, t. LII.
(2) *De l'Eglise et de l'Etat*, réplique à M. Dupin.
Paris, Waille, in-18, 1844.

blait du bonnet de Pithou, n'en fut pas lui-
même le moins surpris. Mais il n'y avait rien
à répliquer, tant la riposte était péremptoire :
si le procureur général ne s'avoua point vaincu,
il eut du moins le bon goût de ne pas s'en montrer offensé. Un misérable prêtre dijonnais,
séduit ou plutôt corrompu par l'hérésie, qui
avait cru justifier sa défection en injuriant
l'Église dont il était sorti, ne fut pas plus heureux que lui. Dans un livre de 400 pages (1),
improvisé en quelques semaines sous le feu de
l'indignation, M. Foisset le prit corps à corps,
disséqua impitoyablement sa défense, et non
content de le suivre pied à pied dans sa retraite,
de rétablir les citations tronquées et les textes
altérés, de venger le dogme et de renouer étroi-
tement la chaîne de la tradition, de prouver que
la négation protestante aboutit fatalement à la
négation plus radicale du rationalisme, il l'ac-
cabla sous le poids d'une réfutation qui s'approche par la vigueur, si elle leur est inférieure

(1) *Catholicisme et Protestantisme.* Dijon, 1845,
in-8°.

par l'étendue, des impérissables travaux apolo-
gétiques légués à l'orthodoxie par les grands
siècles. Tout laïque qu'en ait été l'auteur, Rome
en jugea ainsi ; on assure que plus tard le sou-
verain Pontife s'en fit rendre compte, ainsi que
des articles du magistrat bourguignon sur les
Études religieuses de M. Renan, dont la date
est postérieure, et dit à un juge très compétent
lui-même, Mgr Mermillod : « La doctrine de
M. Foisset est sûre ; c'est un de nos meilleurs
théologiens. »

Sa science, une science puisée droit aux
sources, méritait cet éloge, mais elle ne caractérisait pas M. Foisset tout entier. Ce qui le
distinguait, après l'amour de la vérité, c'était le
désir de la répandre, de lui faire des recrues
et des conquêtes, je ne dis point de la popula-
riser, le mot pourrait être pris en mauvaise
part, mais de l'accréditer parmi les esprits
justes et honnêtes et de la présenter de sorte
qu'elle pût défier jusqu'à ceux qui ne l'étaient
pas. De quelque respect qu'elle soit digne, la
foi du charbonnier est, convenons-en, insuffi-

sante devant la critique; si elle ne s'éteint pas,
si elle ne faiblit pas même, elle s'isole en face
de l'indifférence, et l'homme est ainsi fait que
toute doctrine qui ne gagne pas diminue à ses
yeux, comme si elle était frappée de stérilité.
M. Foisset le sentait assez vivement pour que
sa raison le poussât à la controverse, lors même
qu'il n'y aurait pas été naturellement conduit
par son tempérament. Mettre non seulement le
savant, le lettré, mais encore l'homme de loisir
et d'affaires, l'ignorant lui-même en présence
de l'Évangile, du vrai, du seul que nous tenions
de témoins oculaires, non de celui qu'a tenté
d'y substituer la vague religiosité d'élégants
sophistes; le leur proposer sans phrases, dans
sa simplicité originelle, en s'effaçant soi-même;
ranimer par un calque fidèle la vérité intrin-
sèque du récit des apôtres et de la réalité humaine de l'histoire de leur Maître, détruire en
passant le travail souterrain auquel la préten-
due science moderne s'est livrée pour déraciner
le vieil arbre du christianisme, et particulièrement celui de la catholicité, être neuf dans

5

cette tâche sans y être nouveau (*ut dices nove, non dicas nova*), convaincre en un mot et multiplier les convictions, c'était le but de sa polémique avec les disciples de Strauss dans le *Correspondant*, ce fut l'œuvre qu'il accomplit en écrivant la *Vie de Jésus-Christ* (1), dont trois éditions successives attestèrent le rapide succès.

Il ne faut pas outrer la louange, mais il ne faut pas non plus rester en deçà de la vérité. Or il est très exact de dire, quoiqu'on puisse aujourd'hui s'en étonner, qu'en publiant dans cette forme la *Vie de Jésus-Christ* M. Foisset faisait un acte de courage presque autant qu'un acte de foi. A l'heure où il commençait son livre, M. Wallon n'avait pas encore imprimé le sien, et il y avait près d'un siècle qu'en France un simple laïque n'avait osé porter sur le Christ une main rigoureusement orthodoxe. Le Rédempteur avait eu sans doute dans notre clergé depuis le temps de Voltaire de pieux historiens et d'éloquents panégyristes, mais il

(1) 1 vol. in-12, 1854-1857. Vivès.

ne s'était pas encore rencontré dans le monde
(je ne parle pas du comte de Stolberg, Alle-
mand de langue et d'origine) un écrivain de
valeur, libre de toute attache ecclésiastique, qui
confessât en plein soleil, mieux que cela, qui
démontrât au besoin sa croyance entière au
récit littéral du Nouveau-Testament, à tous ses
mystères et à tous ses miracles, sans tenter d'en
dissimuler ou d'en *naturaliser* un seul, je veux
dire sans avoir égard aux lois de la vraisem-
blance naturelle. Je défie qu'on me cite trente
années plus tôt, aux plus beaux jours de la
congrégation, un magistrat qui se fût permis
d'imprimer tout vif le texte évangélique sans y
joindre sur tel point raillé des incrédules une
ingénieuse thèse de métaphysique, ou du moins
un timide essai d'explication.

Mais le respect humain, ce tyran des lâches,
n'effleurait pas même M. Foisset, et personne
ne répugnait plus que lui à ce traitement ho-
mœopathique du dogme par une philosophie
protectrice. Il n'était pas de ceux qui ne consi-
dèrent les religions qu'au point de vue moral

et comme des vêtements nécessaires à la nudité
humaine. Il en avait une conception plus haute
et plus arrêtée. Quand une religion se brise,
ce n'est pas seulement la morale qui se répand
et le peuple qui risque de mourir de soif. C'est
l'âme elle-même qui est atteinte, l'âme qui ne
se contente pas du sentiment vague de son existence et d'à-peu-près sur ses futures destinées,
mais qui a de croyances fixes, positives un besoin d'autant plus vif qu'elle s'élève davantage
au-dessus du vulgaire. Le fameux distique de
Schiller, appliqué à Novalis, l'exaspérait au
delà de toute expression. « Quelle religion je
professe? Aucune de toutes celles que tu me
nommes. — Pourquoi aucune? — Par religion. » Il eût presque préféré un adorateur de
Jupiter à ces athées honteux. De là sa vigoureuse campagne contre l'hégélianisme du docteur Strauss, contre le doute ironique et le mol
idéalisme de Renan, de là surtout pour lui la né-
cessité de se réfugier dans la vérité révélée et de
dresser avec le secours de l'histoire une barrière
infranchissable entre elle et ses contempteurs.

IV

J'ai un peu devancé le temps pour ne pas
scinder l'ordre des travaux de M. Foisset. Quand
il achevait celui-ci, il était depuis plusieurs années rentré au milieu des siens, dans la ville
qu'il ne devait plus quitter. Les événements de
1830 avaient douloureusement frappé son
cœur : s'il avait peu reçu de la Restauration, en
revanche il la regretta beaucoup, et sans la
résistance d'un de ses inspirateurs habituels,
le président Riambourg, il eût peut-être com-
mis la faute de se retirer alors dans la vie privée. Quelque respectables que soient les scru-
pules de cette nature, c'est en effet dans les
temps agités une faute que de sacrifier un devoir public à une affection particulière, toutes
les fois au moins que l'honneur reste sauf et

que la conscience n'est pas en péril. Il l'avait compris et était demeuré sur son siége de juge d'instruction où le trouva encore la révolution de 1848, dont la veille il présageait l'approche dans une étude sur l'*Histoire des Girondins* (1), à l'heure même où, à son incitation expresse, le comte de Montalembert la dénonçait à l'Europe dans son prophétique discours sur le *Sonderbund*. Deux années ne s'étaient pas écoulées que le vent tournait derechef et que M. de Falloux, prenant possession du ministère de l'instruction publique, offrait à son collaborateur du *Correspondant* la direction des cultes. Soit qu'il s'y crût peu propre ou mal préparé, soit qu'il ne pût se détacher de sa chère Bourgogne, M. Foisset refusa ; heureusement une vacance inopinée adoucit les regrets de ses amis en l'introduisant bientôt après à la Cour de Dijon. Sa place n'était-elle pas depuis longtemps marquée dans le palais où avait siégé le président de Brosses ?

(1) *Correspondant*, t. XVIII et XIX, 1847.

Il y fut ce qu'il avait été jusque là partout,
esclave de ses devoirs, respectueux observa-
teur des obligations que lui créaient ses fonctions
vis-à-vis de l'autorité de qui elles émanaient,
défenseur énergique des droits légitimes de
cette autorité, mais il garda, dans sa vie privée
comme sur son siége, son franc-penser et son
franc-parler. Il ne se crut point obligé de rompre les liens qui l'unissaient à ses amis, et aucun de ces liens, avant comme après 1851, ne
reçut la moindre atteinte. Les vrais défenseurs
de l'Église, sans jamais se montrer malveillants
pour le pouvoir humain, ont toujours tenu
avec lui une conduite réservée, noble, sin-
cère, ne sentant ni le tribun ni le valet. C'est
ce que disait le P. Lacordaire lors de ses premiers conflits avec le gouvernement de 1830.
Ni valet ni tribun, M. Foisset sut toujours se
tenir à égale distance de l'insoumission et de la
servilité. Sa franchise ne lui conquit ni la faveur ni la popularité, mais elle lui mérita quelque chose de plus, l'estime. Il n'y a que les
convictions inébranlables qui règnent sur les

âmes, lorsque le talent rehausse la fermeté de la conduite et l'éclat du dévouement. On ne s'étonnera donc pas que M. Foisset soit mort sans avoir jamais reçu une seule distinction honorifique. Il était loin de les dédaigner, mais s'abstenait de les poursuivre. « Bureau de tabac et croix d'honneur, disait le P. Lacordaire, choses qui deviennent de plus en plus semblables. » Son ami n'exprimait pas ce superbe dédain : il avait la modestie de se taire. M. le procureur général de Leffemberg, qui l'estimait à sa valeur et qui était bien digne de le comprendre, demanda pour lui le ruban rouge lorsqu'il fut à la veille de sa retraite. Cette mince satisfaction lui fut refusée. M. Foisset n'en éprouva ni dépit ni étonnement.

Pour expliquer sa retraite prématurée de la magistrature bordelaise, Montesquieu disait : « Quant à mon métier de président, j'ai le cœur très droit, je comprenais assez les questions en elles-mêmes ; mais quant à la procédure, je n'y entendais rien. Je m'y suis pourtant appliqué; mais ce qui m'en dégoûtait le plus, c'est que je voyais à des bêtes le même talent qui me fuyait. »

M. Foisset était, je pense, à la fois meilleur praticien et collègue moins sévère que Montesquieu ; il avait surtout le grand mérite de ne point se comparer et évitait ainsi la facile tentation de s'enorgueillir. Comme il aimait beaucoup ses fonctions, dont il se représentait sans cesse les devoirs, il les remplissait aisément ; on eût dit même qu'il y mettait une certaine passion, si la noble et impartiale poursuite de la justice pouvait jamais être trop zélée ; il ne s'en sépara qu'avec douleur, lorsqu'il reconnut qu'il lui était impossible de faire un partage équitable entre elles et l'œuvre de piété fraternelle dont la mort du P. Lacordaire avait chargé ses derniers jours. Mais le meilleur moyen de ne pas le faire parler à ce sujet, c'est de lui laisser la parole :

« Mon cher Victor, écrivait-il de Bligny à M. Ladey le 30 mai 1866, quand vous recevrez cette lettre, ma démission de conseiller sera dans les mains de M. le Premier Prési-

dent. N'espérant point, à tort peut-être, obtenir votre approbation de cette résolution déjà
ancienne, j'ai mieux aimé ne pas vous en parler que de provoquer de votre part des ob-
jections qu'il m'eût été pénible de combattre...

« Mon ami, je n'ai que trop différé. Depuis
longtemps déjà les longues audiences excèdent
mes forces; je deviens sourd et d'autres infirmités, bien connues de moi, me disent à
l'oreille :

Solve senescentem *mature* sanus equum.....

« Si je m'étais retiré plus tôt, j'aurais mis à
profit pour mes travaux personnels les quatre
dernières années, et la vie de Lacordaire aurait
paru. Aujourd'hui j'ai soixante-six ans, et
j'ignore si je vivrai assez désormais pour rendre
à sa mémoire l'hommage que je lui dois.

« Je remplis donc un devoir, mais en même
temps, je ne vous le cèle pas, j'accomplis un
sacrifice. Je sais très bien que je me diminue
à Dijon, que je ne suis *plus rien* (c'est l'expression consacrée); faites-moi l'honneur de

croire que je m'en console. Je prends moins aisément mon parti de la pensée que je passerai beaucoup plus de temps à la campagne, et par conséquent loin de vous, loin du petit groupe que l'École de Droit et la Société d'études avaient formé et dont les liens s'étaient resserrés si délicieusement pour moi, il y a seize ans, à mon retour à Dijon.

« Je vous remercie, mon bon ami, de ce que vous avez été pour moi durant ces seize ans et je vous prie de me garder les mêmes sentiments jusqu'à la fin. « Les morts vont vite. » Il se peut que nous ne soyons pas conservés les uns aux autres bien longtemps encore. Mais ce qui dépend de nous, c'est que la mort nous trouve unis, fidèles aux amitiés de notre jeunesse et aux souvenirs de toute notre vie. *Fiat! Fiat!* »

Cette lettre ne rappelle-t-elle point le passage si souvent cité de La Bruyère? «Il faut en France (nous pourrions ajouter : surtout en province) beaucoup de fermeté et une grande étendue d'esprit pour se passer des charges et des emplois, et consentir ainsi à demeurer chez soi..... Personne presque n'a assez de mérite pour jouer ce rôle avec dignité, ni assez de fonds pour remplir le vide du temps, sans ce que le vulgaire appelle des *affaires*. Il ne manquerait cependant à l'oisiveté du sage qu'un meilleur nom, et que méditer, parler, lire et être tranquille s'appelât travailler. »

L'oisiveté du sage que loue La Bruyère eût réellement paru trop oisive à M. Foisset (1). Ses infirmités très sérieuses n'étaient ici qu'une excuse : c'était pour s'absorber dans une tâche plus laborieuse qu'il se réfugiait dans la retraite. L'amitié de Lacordaire avait rayonné sur les deux tiers de sa vie, il voulait encore par le

_____

(1) Il connaissait le prix du temps et savait admirablement disposer le sien pour le travail. « Je souhaite, écrivait-il à M. Clerc le 15 janvier 1859, que vous vous fassiez des loisirs pour achever ce qui doit être le monument de votre vie. Il me semble que vous pourriez vous réserver tous les jours une heure pour vos travaux d'histoire et qu'il vous serait aisé d'y consacrer trois heures les jours où vous n'avez pas d'audience. Les jours sont courts, mais on peut les allonger en se couchant tard ou en se levant de bonne heure. » C'était ce dernier moyen dont il usait intempéramment lui-même.

souvenir en illuminer sa vieillesse. Depuis que
les deux jeunes hommes s'étaient rencontrés
sur le seuil de l'école, rien n'avait pu dénouer
les liens qui avaient uni leurs âmes ; les luttes,
les épreuves, la diversité même de leurs exis-
tences avaient affermi cette union, et le froc du
moine ne recouvrait pas un cœur moins fidèle
que la toge du magistrat. Celui-ci avait assisté
de loin à la résurrection dominicaine, il avait
partout suivi le Père (c'était le titre familier
qu'il aimait à lui donner) avec cette sollicitude
inquiète, mais sagace et bonne conseillère, qui
avait un peu fait de lui, comme on le disait sous
le premier empire de l'abbé Émery, *le suppléant des évêques*, le centre caché où abou-
tissaient les consultations, la lampe dans l'ombre où venaient s'éclairer nombre de consciences ; il l'avait aidé dans l'établissement de
ses monastères bourguignons (1), il lui avait

(1) Il assistait en 1853 à la bénédiction de la chapelle
des Dominicains de Flavigny, le jour de la Saint-
Dominique, avec le P. Lacordaire, Montalembert et les
Évêques de Dijon et d'Autun.

servi d'escorte jusqu'à l'Académie française (1),
il était allé recevoir ses dernières confidences
et lui donner le dernier baiser de l'ami et du
chrétien sur son lit funèbre de Sorèze. Lacordaire mort, il n'y avait eu qu'une voix pour
proclamer le nom de son historien. C'était celui
de M. Foisset. Il ne résista pas à cette mission
pieuse dont l'investissait d'avance le sentiment
public, et que vint confirmer en quelque sorte
le legs de l'abbé Perreyve, le fils d'adoption
de l'illustre orateur, frappé lui-même avant
d'avoir pu rendre à cette grande mémoire l'hommage qui lui était dû. Je sais que nul n'a le
droit de dire : « Je connais les hommes, » ni
même : « Je connais un homme ; » cela est vrai
surtout de ceux qui sont encore vivants, parce
que la plus inflexible droiture de principes et
de caractère ne protége jamais complétement
la mobilité humaine contre les oscillations et
les défaillances. Mais s'il était un homme qui
en possédât un autre, qui pénétrât non seule-

(1) V. l'appendice.

ment les secrets de son cœur, mais aussi les
secrets de son intelligence, qui l'ait surpris
dans son premier feu, dans son premier jet, et
pût refléter ses traits comme dans un miroir;
s'il en était un qui, doué pourtant d'enthousiasme, eût un si grand respect de la vérité
qu'il ne laissât jamais son affection troubler son
jugement, et qui, après avoir mêlé sa vie aux
mêmes événements, après avoir contrôlé ses
souvenirs personnels par une longue et minu-
tieuse enquête, après avoir rassemblé toutes les
preuves, toutes les dépositions, fût apte à prononcer un arrêt définitif que la postérité pût
ratifier, quel meilleur juge du P. Lacordaire
que M. Foisset?

Cependant, lorsqu'il aborda son sujet dont
l'ensemble devait embrasser, selon lui, l'histoire de l'Église gallicane depuis la naissance
de ce siècle, un ou deux de ses amis, que son
ardeur militante faisait parfois sourire, parurent
craindre qu'il ne donnât point le livre tel qu'il
le projetait, c'est-à-dire avec tous les dévelop-
pements qu'il avait le dessein d'y rattacher.

En d'autres termes, ils murmuraient qu'avec beaucoup de force et de véhémence, nombre de faits curieux et d'épisodes intéressants, la biographie du « Père » courait risque de n'être que l'histoire d'une petite école, le registre d'une chapelle, ou, d'après leur mot peu révérencieux pour l'auteur, les mémoires de son canapé. Leur inquiète sollicitude s'est bien vite rassurée : la *Vie* de Lacordaire a trompé toutes leurs craintes et surpassé leurs espérances. Elle fait date, parce qu'elle ne peint pas seulement un homme, mais résume le travail moral d'une époque : pour qui veut connaître à fond Lamennais, les témérités de l'*Avenir*, le rôle de l'épiscopat français de 1810 à 1852, le réveil des ordres monastiques et les progrès accomplis sur notre sol mouvant par la liberté religieuse en soixante années de combats et de périls, c'est un livre nécessaire, presque unique; pour les disciples fidèles du grand dominicain, c'est mieux que l'image d'un ancêtre, c'est sa parole vivante et son testament.

On n'attend pas de moi que j'analyse ici ces

deux volumes que chacun a lus et qui resteront l'œuvre durable, l'œuvre maîtresse de M. Foisset. On ne les goûte, on ne les pénètre bien qu'en le pénétrant lui-même : si vous n'aviez le caractère, vous n'auriez pas le livre. « Je voudrais, écrivait-il au moment où il songeait à en publier une seconde édition suspendue par nos malheurs, puis arrêtée par la mort, mais qu'un jour prochain nous rendra avec ses corrections et ses notes, je voudrais donner du cœur aux jeunes catholiques en leur montrant ce qu'ont été leurs devanciers immédiats (1). » Donner du cœur, fortifier les courages et les âmes, c'était en effet sa préoccupation constante, c'était le but visible de son activité et comme l'inspiration de sa plume.

M. Foisset n'était pas à proprement parler un écrivain, si l'on entend par là celui qui recherche avec art les effets du style. Les littératures en décadence ont un penchant fatal à

(1) Lettre à M. le président Clerc, du 26 novembre 1872.

séparer l'expression de la pensée, à distinguer
l'homme et l'écrivain, à tenir un plus grand
compte des broderies du vêtement que du corps
qu'il recouvre. C'est pourtant dans tous les
genres, mais particulièrement dans le genre
historique, une impertinence que de prétendre
occuper le lecteur de soi, c'est-à-dire de sa
diction. « Apprenez, disait Voltaire, que je n'ai
jamais fait une phrase de ma vie, et je m'en
vante. » M. Foisset répétait volontiers le mot
et pratiquait plus volontiers la chose. A l'éclat
il préférait la simplicité et ne mettait son orgueil
qu'à marcher droit au vrai, à voir plus loin et
plus net qu'un autre. Sans dédain, quoique
sans goût pour l'allusion cherchée, la grâce
fuyante et la science des demi-teintes, il se con-
tentait d'exprimer ce qu'il pensait; mais quand
il sentait vivement (et la vivacité lui était fami-
lière), son langage avait un nerf, une fermeté,
une brièveté de construction pressant les mots
pour en accentuer plus énergiquement le sens,
quelque chose de mâle et de sain qui produi-
sait sur l'esprit ce que produit sur l'oreille une

voix courte, mais toujours juste. Sa pensée n'avait qu'un moule, mais comme il était solide ! Il lui eût été radicalement impossible de faire ce que faisait un de nos plus déliés et plus éloquents philosophes modernes, qui s'écriait à propos d'une étude dont s'étaient émus certains orthodoxes : « Des phrases à changer, qu'à cela ne tienne ! je leur en offrirai des phrases de rechange, jusqu'à ce qu'ils soient contents ! »

Ses articles sur le XLI° livre de l'*Histoire du Consulat et de l'Empire*, relatif aux affaires de l'Église en 1811, peuvent, même à côté de l'œuvre plus étendue de M. d'Haussonville, qui en diffère par les conclusions, bien qu'elle s'en soit évidemment inspirée, être cités comme un modèle de ce style serré et précis. Tout d'abord il discute avec calme, il ne s'irrite pas; en face des excès de la force, son sang-froid ne se dément point. Mais lorsque, parvenu à la dernière scène du drame qui se clot à Fontainebleau entre le pape et l'empereur, il vient à se demander quel jugement en portera l'impartiale postérité, quand il voit que toute la philoso-

phie morale et politique du lumineux historien
se borne à un léger blâme timidement adressé
à son héros, blâme qui s'efface bien vite sous
le mot de gloire jeté comme une amnistie sur
ce délire d'une puissance enivrée, quand il le
voit faire du génie une légitimité, l'élever au
rang de vertu, quelquefois au-dessus de la vertu
même, et lui reconnaître le droit d'abuser des
hommes, parce qu'il les écrase, oh! alors sa
conscience de chrétien et de magistrat se sou-
lève, il éclate : « Vous n'êtes pas un juge,
M. Thiers, et si admirable qu'elle soit, votre
œuvre ne mérite pas le nom d'histoire, car elle
semble craindre d'aborder corps à corps la
grande ombre dont vous avez voulu prendre la
mesure; elle n'est pas rétributrice, elle est
adulatrice ! »

Cette netteté dans la pensée, cette inflexible
rectitude dans le jugement, devenaient du courage dans les crises décisives de sa vie. On le
vit bien en 1856, lorsque, sous son influence,
le *Correspondant,* son œuvre préférée, modi-
fiait sa marche et prenait avec le prince Albert

de Broglie une allure plus décidée; en 1860,
lorsqu'il protestait en plein jour, le visage dé-
couvert, dans l'*Ami de la Religion*, contre la
violation du territoire pontifical et la politique
italienne de Cavour, la plus antifrançaise que
nous ayons tolérée chez un allié de la France;
en 1861, quand une association libre de charité,
dont il était l'un des plus zélés directeurs en
province, se dissolvait plutôt que de subir le
patronage officiel que lui laissait entrevoir M. de
Persigny; en 1870, au moment du concile, dont
il acceptait d'avance, en catholique soumis, tous
les décrets, sans se dissimuler qu'il y a des
degrés et pour ainsi dire des étapes dans la
plus franche soumission; quelques semaines
plus tard, au milieu de nos revers et de nos
angoisses, qu'il ressentit à l'égal des meilleurs
patriotes, non pas en partisan de tel ou tel
régime, mais en homme des anciens jours,
ouvert à tous les souffles généreux et prêt à
lever les bras au ciel pour le triomphe de ceux-
là mêmes qu'il en jugeait le moins dignes ou le
moins capables, pourvu que leur victoire assu-

rât le salut de la patrie; à la veille enfin du
bombardement de sa chère cité dijonnaise,
lorsqu'il accourait malade de la campagne et
s'enfermait seul dans ses murs, afin de partager
les épreuves communes et de tenir, lui aussi,
du moins par la dignité de son attitude, tête à
l'envahisseur !

V

Cependant les années s'appesantissaient sur sa tête, inclinée d'ailleurs sous le choc des événements; ses forces diminuaient. De vives souffrances, dissimulées avec soin pour ne point alarmer sa famille, lui arrachaient parfois sa plume dont l'encre ne s'était jamais séchée et qui pendant un demi-siècle avait été son unique délassement. Écrire, disait-il, c'est agir; et personne n'avait moins que lui connu l'inaction.

S'il s'affligeait de ces repos forcés, avant-coureurs du repos éternel, il ne s'en irritait pas. Le découragement, répétait-il encore, n'a jamais servi à quoi que ce fût. On eût dit même que son caractère, naturellement inflammable, puisait dans ces douleurs une sérénité inattendue, quoique personne ne fût moins contem-

platif que lui. La vieillesse qui flétrit le corps
semble rajeunir l'âme, quand elle ne retombe
pas en gémissant sur elle-même, quand elle a
déraciné de la vie tout ce qui y est mobile et
périssable et qu'elle fixe d'un œil calme l'approche visible de l'immortalité. Le secret de sa
paix, c'était sa foi qui s'épurait et se fortifiait
chaque jour; il trempait tout de Dieu.

Son cœur surtout ne vieillissait pas. Séparé
par la tombe de ses meilleurs amis, le dernier
survivant d'Ozanam, de Lacordaire, de Lenormant, de Montalembert, de Cochin, du P. Gra-
try, de ceux qui avaient formé autour de lui
comme la famille de l'âme non moins tendre et
non moins chère que celle du sang, il ne pouvait se défendre d'aimer ni de souhaiter d'être
aimé. Il avait un besoin toujours nouveau de
sympathie. Il recherchait de préférence celle
de la jeunesse : l'affection et la confiance de
l'homme lui paraissaient avoir d'autant plus
de prix que celui-ci la porte dans un vase plus
fragile; d'ordinaire il les conquérait facilement,
parce qu'il savait distinguer l'espérance même

dans l'obscurité et mettre l'esprit, cette puissance libre et fière, quoique revêtue souvent d'apparences timides, à portée de montrer ce qu'il vaut. Il ne regrettait pas les peines qu'il y éprouvait, et ne croyait jamais avoir acheté trop cher les joies dont elles sont suivies. Don rare, désir et bienfait plus rares encore! rares même chez certaines intelligences fort distinguées, qui sont très étendues dans un sens et très étroites dans tous les autres, qui, ne se sentant pas assez au large dans leur talent réel, croient ajouter par l'orgueil à ce qui manque à leur nature, qui semblent ne connaître aucune différence entre une protection hautaine et un service cordialement rendu, qui sont avares de bienveillance et ne souffrent pas qu'on leur marchande l'admiration !

M. Foisset tenait cette heureuse qualité de deux sources diverses et pour ainsi dire opposées : il était ardent, il était tolérant.

Vif, on ne saurait nier qu'il le fût; mais il n'y avait pas au fond de son âme d'incendie que la moindre plainte ou un mot affectueux ne pût

subitement éteindre. Et comme il savait alors
avouer le premier ses torts, comme il se frap-
pait la poitrine avec la même et vive sincérité
qui l'avait poussé à l'attaque! L'excuse, je
dirais plus volontiers le mérite de sa chaleur
d'esprit, c'est qu'elle était naturelle. Qu'il y a
d'idées inaccessibles à ceux qui ont le sentiment froid! Les âmes ardentes ont dans le
combat de la vie un avantage inappréciable :
elles sont persuadées des vérités dont l'intelligence est seulement convaincue; or la convic-
tion est souvent passive, tandis que la persua-
sion est active, et il n'y a de ressort que ce qui
fait agir. Le cœur a des instincts et des vues
que le meilleur jugement ne soupçonne pas.
Aussi fallait-il voir dans les œuvres de défense
sociale ou dans celles de la charité qui en sont
un démembrement et une des fonctions, comme
il surexcitait les gens de bien, cette graine
timide qui n'ose se lever, surtout dans les temps
d'orage; il avait l'art de la faire sortir de terre,
prendre racine et lui faisait presque malgré elle
porter des fruits. Les membres des conférences

de Saint-Vincent-de-Paul qu'il présida longtemps à Dijon, les pauvres qu'il secourait lui-
même discrètement après avoir entendu chaque
matin la messe de l'aube et avant de se mettre
au travail, peuvent le dire : quelle vivacité et
quelle ardeur ! quel enthousiasme pour le bien
et quels regrets de ne jamais le servir assez !
Sursum corda ! En avant ! On ne perd une
bataille que lorsqu'on la croit perdue ! Avec ces
mots favoris, qui revenaient sans cesse sur ses
lèvres, il enhardissait les hésitants, il ramenait
les fuyards, il réchauffait les courages abattus.

Ce n'est pas qu'il fît un grand état du succès ;
au contraire. Le succès sans droit, les victoires
illégitimes n'étaient à ses yeux qu'un nouvel
outrage à la justice et à la vérité. Il ne lui dé-
plaisait même point, je crois, d'être le champion des causes sacrifiées et de pouvoir dire
comme le stoïque :

Bella geri placuit nullos habitura tr iumphos,

un vers qu'il traduisait ainsi librement : « Il n'y
a point de plus beau ni de plus rare courage

que celui qui se déploie et persiste sans compter
sur le succès. » Les triomphes ne lui eussent
pourtant pas fait défaut, s'il les eût cherchés
ailleurs que dans le témoignage de sa conscience
et dans la satisfaction du devoir accompli. Avec
un peu plus de charlatanisme, remarquait hier
un de ses amis qui le connaissait bien, il se
serait fait sans peine un nom célèbre en Europe.
Il se contenta d'être dans sa province un défenseur obscur de la cause qu'il avait embrassée,
et n'y disputa le premier rang que lorsqu'il vit
un coup à attendre ou un péril à affronter.

Sa chaleur d'âme se trahissait en toutes cir-
constances, à toute occasion. Elle affleurait la
peau. Grâce à elle, sa conversation vive, heur-
tée, pleine de mouvements et de soubresauts,
parfois d'éclairs, avait un accent qui retentissait
dans sa voix et jusque dans son style. Elle ébran-
lait ceux-là mêmes qu'elle ne persuadait pas.
Du reste nulle trace de pédantisme : il remuait
en courant la science de sa bibliothèque sans en
agiter la poussière. Le vulgaire l'éloignait et le
bizarre lui était odieux. Il prisait avant tout le

bon sens. L'imagination qui l'avait séduit dans
ses premières années ne trouvait plus grâce à
ses yeux dans les dernières, si elle n'était sen-
sée. Il ne comprenait bien en toutes choses que
le droit et le simple. De l'éducation austère et
sobre de son esprit, il avait conservé l'amour
jaloux de la juste proportion. Les lumières qui
se croisent et se confondent aujourd'hui dans
un si grand nombre d'intelligences ne l'éblouis-
saient jamais. Avec beaucoup de curiosité, il
n'avait pas ce désir fébrile de tout embrasser,
qui stérilise aujourd'hui tant d'esprits distingués. Il sentait en artiste la beauté de la forme,
quoiqu'il n'y sacrifiât jamais la pensée, et joignait au goût du connaisseur le tact exquis du
critique. On l'entendit, dit-on, sangloter un
jour en lisant les plaintes de Priam dans Homère; pour moi, je le vois encore dans la petite
cour de notre palais, au sortir d'une dramatique
audience dans laquelle un maître de la parole
venait de prononcer l'un de ses plus beaux discours, fondre sur l'orateur, le serrer dans ses
bras et, muet d'émotion, lui mouiller les mains

6.

de ses larmes que ne put tarir un de ces silences dont les lèvres les moins glacées ont parfois l'involontaire audace.

Je l'ai déjà dit et j'y reviens : la qualité qui lui a été le plus contestée est précisément celle qui modérait le mieux son ardeur : la tolérance. Peut-être était-elle chez lui moins un don de la nature qu'un produit de la volonté, une vertu réfléchie et mûrie par l'Evangile, et à ce titre elle l'honore davantage. Nul n'avait sans doute plus de fermeté, mais en même temps moins d'étroitesse dans les idées; nul n'était plus respectueux de celles d'autrui ni plus largement ouvert à la libre contradiction. C'est pour ne connaître que soi et les siens qu'on est opiniâtre, car l'opiniâtreté n'est que le fruit d'un égoïsme ignorant. Quand on a vu beaucoup d'hommes, quand on a comparé beaucoup d'opinions, on s'aperçoit que chaque homme a son prix, que chaque opinion a ses motifs, et l'on émousse les angles tranchants de la sienne, sans la mutiler ou l'affaiblir pour cela. On pouvait justement appliquer à M. Fois-

set l'éloge que Berryer a fait de Montalembert :
ce n'est pas un esprit absolu, c'est un esprit
résolu. Mais j'aimerais mieux, pour le peindre,
lui emprunter à lui-même, toute proportion
gardée et sauf la grande différence des situa-
tions, la page éloquente qu'il a écrite, à propos
des *Mémoires* de M. Guizot, sur Casimir
Périer : « Homme prompt à s'émouvoir, mais
toujours maître de son émotion quand il fallait
agir, toujours plein de modération et de pru-
dence, quoiqu'il fût né bouillant et altier...,
s'imposant une légalité rigoureuse..., ennemi
de toute exception, de toute équivoque, de
toute violence, espérant peu en entreprenant
beaucoup et malgré cela ne cessant pas de
combattre, au risque de se perdre, jusqu'à ce
qu'il ait refoulé le désordre sans amoindrir la
liberté... »

Admirable équilibre des forces morales,
qu'il est encore plus facile de louer que de
rencontrer ! Fermeté et conciliation ! Se créer
d'une part une conscience capable de résister
à toutes les puissances pour accomplir tous les

devoirs, et de l'autre tendre la main à ceux qui,
dans des sentiers différents, aiment et prati-
quent l'honnête, chacun veut résoudre ce problème et chacun s'étonne de le trouver presque
insoluble. M. Foisset le résolvait sans effort, et
les égards qu'il avait pour ses adversaires ne
'l'empêchaient ni de garder courageusement
la place, ni de se porter sur tous les points
menacés, ni de se découvrir à la moindre alerte.
Mais, la retraite sonnée, le soldat dépouillait
ses armes; il ne restait plus qu'un homme
compatissant, indulgent, miséricordieux. On
aura beau feuilleter les pages qu'il nous a lais-
sées, on n'y découvrira ni un mot d'amertume
ni un mot de mépris, pas même l'ironie qui se
moque sous prétexte d'instruire ou de corriger.
Son cœur ne pouvait contenir la haine; il laissait évaporer la colère après le combat, comme
la fumée après le feu sur le champ de bataille.
Ceux qui ont cru le contraire ne le connais-
saient point; mais il dédaignait de les détrom-
per, tant il avait horreur de mêler à la défense
de ses convictions quelque chose de personnel.

Une fois pourtant il osa se l'avouer avec une sincérité exempte d'orgueil. C'était dans l'été de 1871 ; Dijon était encore aux Prussiens, et un ami des anciens jours, frappé d'une immense douleur, était venu le surprendre pour le distraire, en se consolant lui-même, des tristesses de l'occupation étrangère. Au moment de se séparer : « Mon ami, dit à M. de Carné cet homme énergique dont la haute taille commençait à fléchir, nous ne nous reverrons probablement jamais dans ce monde ; mais en le quittant nous pourrons, je crois, nous rendre devant Dieu ce témoignage que nous avons l'un et l'autre toujours recherché la vérité avec désintéressement et sans aucun parti pris. »

Il disait vrai : une année s'était à peine écoulée qu'il rendait à son Créateur, au milieu de souffrances aiguisées par le cruel spectacle de nos désastres, l'âme la plus désintéressée et la plus insatiable de vérité qu'il nous ait été donné de connaître. Il achevait sa course le 28 février 1873, plus épuisé de forces que de

courage, quoiqu'il ait perdu une à une non seulement ses amitiés, mais ses espérances, quoiqu'il ait dû voir en quelques mois la France
vaincue, mutilée par ses ennemis et avilie par
certains de ses défenseurs ; autour de lui, pendant la guerre, l'émulation de la sottise, et dès
le lendemain à Paris, l'émulation de l'horri-
ble (1) ; quoiqu'il ait dû assister, lui le fervent
chrétien et le fervent patriote, spectateur indigné mais impuissant, à la nouvelle captivité
de Pierre dans la cité des apôtres, que l'épée
française lui avait autrefois donnée et où l'épée
française ne pouvait plus désormais le proté-
ger. Tout ce qu'il avait vénéré et défendu (2)
semblait voué à une perte prochaine ; l'Eglise
était menacée d'une persécution qui unissait

(1) C'est l'expression dont il se servait pour caracté-
riser la Commune (lettre à M. le président Clerc, du
26 novembre 1872). Il en redoutait la réapparition, tout
en confessant « qu'à beaucoup d'égards la tourmente
présente lui paraissait factice. »

(2) On lit sur la tombe d'un Frangipani à Rome cette
épitaphe : REM CHRISTIANAM EGREGIE DEFENDIT. Ne
semble-t-elle pas faite pour M. Foisset?

au dehors les gouvernements et les peuples ;
la race latine, mère de la civilisation moderne,
s'épuisait dans des convulsions dégradantes et
stériles ; au dedans point d'unité morale dans
le pays qui en avait si grand besoin, point de
pensée ni de passion communes, malgré l'expérience et le malheur communs. La force était
l'unique frein et l'unique convoitise ; la liberté
elle-même, dont le nom seul suffisait à enflammer naguère tant de généreuses ardeurs,
n'apparaissait plus dans la mêlée que comme
un chiffon déteint et usé, bafoué par les partis
et déserté par les masses ; il n'y avait pas chez
nous d'édifice qui parût assez solide pour
défier l'ébranlement universel. Et cependant
son énergie ne défaillait pas, il domptait les
angoisses de son âme, plus poignantes encore
que ses douleurs physiques, pour jeter un dernier cri en faveur des catholiques opprimés de
Genève, et il ne s'arrêtait qu'en face de la
mort, avec ce mot d'Ozanam expirant sur les
lèvres : « Seigneur, je n'ai été qu'un serviteur
inutile, mais j'ai servi un Maître souveraine-

ment économe et qui ne laisse rien perdre, pas plus une goutte de nos sueurs qu'une goutte de ses rosées. »

Non, vous n'avez pas été un de ces serviteurs inutiles dont l'oisive indolence se solde par l'oubli. Si vous vous êtes endormi au soir de la vie, sur votre sillon inachevé, avant que les ténèbres aient fui devant l'aube renaissante, votre labeur n'a pas été confié à un sol ingrat et ne sera point perdu; si rien ne s'achève, à vrai dire, dans les générations humaines, si tout se continue et se poursuit lentement, avec effort, rien non plus ne périt, ni une bonne pensée, ni une bonne parole, ni une leçon de courage, ni un acte de vertu. La moisson que vous attendiez est sans doute encore lointaine, mais nous savons, grâce à vous, qui l'a préparée et qui la peut faire mûrir; nous savons du moins ce qui honore davantage, même ici-bas, de la puissance, de la richesse et de la gloire, ou de la foi loyale, du dévouement et du sacrifice. Cela seul suffit à conserver une mémoire, et cela doit surtout nous être un pré-

cieux enseignement. Quand tout tremble et
menace ruine, il est bon, il est urgent de se
rattacher par l'exemple aux vrais sages, je dirais volontiers aux seuls sages, s'il ne fallait
décourager personne, et aux idées immuables
qu'ils ont constamment défendues, à celles qui
conviennent également aux moments de triomphe et aux jours de défaite, aux temps de la
fortune et à ceux de l'adversité.

7

APPENDICE

***

*Extraits d'une lettre de M. Foisset qui assistait à
la réception du P. Lacordaire à l'Académie française, et qui rend compte de cette solennité.*

« ... L'éloge des lettres françaises et de l'Académie
a semblé un peu long, malgré les traits d'un bonheur
éclatant qui ne pouvaient échapper à un pareil auditoire. Toutefois, quand le P. Lacordaire s'est assis après
avoir dit ces paroles suprêmes : « M. de Tocqueville
était au milieu de vous le symbole de la liberté ma-
gnifiquement comprise par un grand esprit ; j'y serai,
si j'ose le dire, le symbole de la liberté acceptée et
fortifiée par la Religion ; je ne pouvais recevoir sur la
terre une plus haute récompense que de succéder à
un tel homme pour l'avancement d'une telle cause, »
les applaudissements se sont prolongés pendant cinq
minutes.

« Le silence se fait, et M. Guizot, se renversant en
arrière, lance de sa voix la plus puritaine cet exorde
ex abrupto : « Que serait-il arrivé, Monsieur, si nous

nous étions rencontrés, vous et moi, il y a six cents
ans? Etc., etc. » Un rire de mauvais aloi a immédia-
tement accueilli ce début. Il est allé croissant, et il a
éclaté avec de rares applaudissements à ces mots :
« Frappez toujours. Dieu saura bien reconnaître les
siens... C'est maintenant l'Académie seule qui est
appelée à reconnaître les siens. » (Applaudissements.)

 « Quand M. Guizot a mis dans la bouche de M. Berryer ce conseil : Faites-vous prêtre! — M. Berryer
a fait un signe de dénégation. — En effet, l'anecdote
en question, ramassée on ne sait où par M. Guizot,
est on ne peut plus apocryphe. L'avocat Lacordaire
n'a eu qu'un seul entretien avec M. Berryer. C'était
en 1823, à une époque où le jeune stagiaire était
encore incrédule, et où par conséquent on ne pouvait songer pour lui au sacerdoce. Aussi dans la
conversation ne fut-il question que du barreau. Je
tiens le fait du P. Lacordaire lui-même. Ce passage
du discours de M. Guizot est celui qui a été le plus
désagréable à l'évêque d'Orléans (Mᵍʳ Dupanloup) et
aux amis catholiques du P. Lacordaire. Mais il ne
saurait étonner dans la bouche d'un protestant qui
ne croit pas au sacrement de l'Ordre, et qui n'a pas
le sens de la vocation surnaturelle du prêtre. —
L'alinéa suivant a eu, au contraire, un plein et universel succès : « Prédicateur presque aussi agité que
votre public... Encore ému vous-même de cette mul-
titude d'impressions troublées et flottantes auxquelles
vous vouliez arracher vos auditeurs... Quelques-uns
se sont peut-être étonnés, peut-être même inquiétés

des élans imprévus de votre âme... Il faut pour dominer et remuer les hommes, leur être à la fois sympathique et inattendu. » Ce dernier trait surtout a fort réussi.

« On a fort applaudi aussi l'éloge d'Ozanam. J'étais à côté de l'abbé Perreyve, qui seul me séparait de Mme Ozanam et de sa fille ; mes yeux se sont remplis de larmes. J'ai continué d'entendre, mais j'ai cessé de voir.

« L'orateur a été interrompu avec acclamation à ces mots : « C'est le sublime caractère de l'Evangile de juger sévèrement et d'aimer tendrement. » Même succès quand M. Guizot a loué le récipiendaire de s'être soumis au pape en 1832, et de s'être séparé des rouges en 1848. Mais l'endroit le plus ardemment applaudi a été le paragraphe sur l'Italie, et spécialement : « Ce pape généreux et doux... Les mêmes faits ne méritent-ils plus le même nom ?... Ce n'est pas la liberté, ce n'est pas le progrès, c'est l'anarchie ou la tyrannie, et peut être aussi l'ambition étrangère, qui profitent de tels désordres... Le trouble dans les consciences, en même temps que la fermentation dans les passions et les intérêts... »

« Le parallèle entre M. de Tocqueville et son successeur, très superficiel selon moi, a beaucoup réussi, ainsi que le paragraphe : « Que la foi soit libre, que la liberté soit pieuse... » — Tout ce discours, du reste, a été prononcé d'une voix mâle et pleine, mais un peu sèche et monotone. Le visage était beau, mais d'une beauté puritaine ; l'organe l'était aussi, mais

l'accent a été un peu trop solennel et légèrement
emphatique. M. Guizot n'a retrouvé le ton simple et
naturel qu'en finissant, et en parlant de son antago-
nisme avec M. de Tocqueville : simplicité tardive qui
n'a pu sauver cette péroraison des sévérités de l'auditoire.

« Les catholiques donnaient la palme au P. Lacordaire. Les non catholiques de toutes nuances, napo-
léonistes, républicains, orléanistes, adhéraient au
jugement de M. Dupin. « C'est égal, disait-il, c'est
toujours le laïque qui a le pompon! » — L'impéra-
trice a dit seulement à M. Guizot : « Monsieur, je
vous ai beaucoup écouté et admiré. » — Je tiens ce
détail de M. de Laprade.

« Le soir il y avait foule dans les salons de M. Guizot,
et M. de Sacy disait ceci : « Je ne voudrais pas être
désobligeant pour le maître de la maison; mais il est
bien certain qu'il y a six cents ans c'est lui qui aurait
fait brûler le P. Lacordaire. » — Le mot m'a été
répété par le prince de Broglie le lendemain.

« Somme toute, les deux orateurs ont rempli mon
attente, mais le public l'a dépassée. Quel public!
Voilà ce qui ne peut être transmis par les journaux. »

Le lecteur ne sera peut-être pas fâché de
trouver ici une lettre inédite du P. Lacordaire,
adressée au président de l'Académie des Sciences, Arts et Belles-Lettres de Dijon, qui l'avait
admis au nombre de ses membres honoraires,

et dans laquelle l'illustre orateur rappelle ses sentiments d'affection pour sa ville natale. Comme celui de M. Foisset, son cœur était resté profondément bourguignon.

Monsieur le Président,

Peu de distinctions académiques sont venues me chercher jusqu'aujourd'hui dans ma solitude ; mais alors même que les plus illustres assemblées littéraires m'eussent décerné l'honneur de partager leur gloire en m'associant à elles, j'eusse encore reçu avec reconnaissance et émotion le titre de membre honoraire de l'Académie de Dijon. Dijon est ma patrie. Mon berceau fut placé par la Providence non loin de ses murs, et toute ma première jeunesse s'y est écoulée dans les ombres de la maison maternelle, dans les travaux du Collége et de l'Ecole de droit. C'est à Dijon que j'appris à connaître et à cultiver les belles-lettres ; c'est lui qui m'initia aux éléments de la science du juste ; c'est lui aussi qui me donna mes premières amitiés. Je le quittai, jeune encore, mais j'y revins toujours comme si je l'eusse quitté la veille, heureux d'y retrouver les années enfuies, plus heureux si dans l'emploi lointain de ces années j'ai pu ne pas me montrer trop indigne de la ville célèbre qui m'avait formé !

L'Académie, en m'adoptant par un vote unanime, a semblé me dire qu'en effet je n'avais pas porté trop

mal le bénéfice de ma naissance. Je la remercie de ce
que je ne puis plus appeler un encouragement, et qui
par cela même ressemble davantage à une couronne.
Tombée sur un front déjà vieilli, je la porterai comme
un don de ma patrie, et, fortifié par elle, je m'assoierai
sans crainte dans ce lieu où j'écoutai plus d'une fois
mes maîtres, aujourd'hui mes collègues.

Je vous prie, etc.

Fr. Henri-Dominique LACORDAIRE,

des Fr. Prêch.

DIJON, IMP. DARANTIERE, HÔTEL DU PARC.